RADICAL FOCUS
OKR工作法

谷歌、领英等
顶级公司的高绩效秘籍

［美］克里斯蒂娜·沃特克 ◎ 著
明道团队 ◎ 译

Christina Wodtke

Achieving Your Most Important Goals with Objectives and Key Results

中信出版集团·北京

图书在版编目（CIP）数据

OKR工作法：谷歌、领英等顶级公司的高绩效秘籍 /（美）克里斯蒂娜·沃特克著；明道团队译. -- 北京：中信出版社，2017.9（2025.3重印）

（敏捷企业系列）

书名原文：Radical Focus

ISBN 978-7-5086-7909-9

I. ①O… II. ①克…②明… III. ①企业管理–经验 IV. ①F272

中国版本图书馆CIP数据核字（2017）第173904号

Radical Focus: Achieving Your Most Important Goals with Objectives and Key Results
Copyright © 2016 by Christina Wodtke
Chinese Translation © 2017 by CITIC Press Corporation
ALL RIGHTS RESERVED
本书仅限中国大陆地区发行销售

OKR工作法——谷歌、领英等顶级公司的高绩效秘籍

著　　者：[美]克里斯蒂娜·沃特克
译　　者：明道团队
出版发行：中信出版集团股份有限公司
　　　　　（北京市朝阳区东三环北路27号嘉铭中心　邮编　100020）
承　印　者：北京联兴盛业印刷股份有限公司

开　　本：880mm×1230mm　1/32　　印　张：6.75　　字　数：105千字
版　　次：2017年9月第1版　　　　　印　　次：2025年3月第61次印刷
京权图字：01-2017-5435
书　　号：ISBN 978-7-5086-7909-9
定　　价：42.00元

版权所有·侵权必究
如有印刷、装订问题，本公司负责调换。
服务热线：400-600-8099
投稿邮箱：author@citicpub.com

成为梦想家，永远不满足现状，坚信下一次能做到更好。

成为践行者，先行其言而后从之。

谢谢本书的试读者，让我相信我的想法能以书的形式呈现。

感谢造物主，没有你，我的存在将没有意义。

感谢阿梅莉亚，没有你就没有这本书。

目 录
RADICAL FOCUS

V	译者序 绝对聚焦——用OKR实现最重要的团队目标
IX	序 言 用关键结果衡量工作绩效
XIII	前 言

第一章 确定目标，确保团队聚焦到重要目标上

004	让喜欢喝茶的人喝到好茶
009	要么非常乐观，要么执着到狂热
015	在战略目标不变的情况下调整策略
020	一旦团队出了问题，有再多钱也没用
023	确保团队聚焦到重要的目标上

第二章　讨论关键结果，复盘OKR实施过程中的问题

- 033　和团队成员讨论关键结果
- 038　砍掉与关键结果无关的业务
- 043　重视产品质量
- 047　在破产之前找一些削减开支的方法
- 051　清除团队里的"害群之马"
- 053　直面坏消息
- 055　让所有人承担自己的责任
- 059　究竟哪件事情更重要
- 062　任何一家公司都不是可有可无的
- 066　关注截止时间
- 068　尴尬的关键结果
- 073　一次说太多，就和什么都没说一样
- 086　团队成员共同讨论制定OKR

第三章　评估OKR实施成果

- 103　改进OKR后的可喜变化
- 107　季度末成果盘点
- 109　半年末成果盘点
- 111　一年后成果盘点

第四章 影响目标达成的关键因素

- 115 无法达成目标的 5 个关键因素
- 133 产品团队制定 OKR 的方法
- 137 控制好"承担责任—庆祝成果"的节奏

第五章 OKR 使用的六大场景

- 145 场景 1:如何开季度 OKR 会议
- 149 场景 2:服务部门的 OKR 要和公司目标关联
- 153 场景 3:OKR 会议的 7 个步骤
- 158 场景 4:为最小化可行产品使用 OKR
- 164 场景 5:使用 OKR 改进周报
- 170 场景 6:避开 OKR 常见的坑

第六章 最后的建议

- 177 OKR 和年度评估
- 182 使用 OKR 的最后建议

- 185 致 谢
- 189 关于作者

译者序
RADICAL FOCUS

绝对聚焦——用OKR实现最重要的团队目标

2014年春天,明道团队出于对业务增长的渴望,开始实施公司范围内的OKR(Objectives and Key Results,目标与关键结果)战略目标任务体系,成为在国内较早采纳OKR方法的企业。这两年多来,我们的经验得失也陆续通过文章和培训与社群分享。必须承认,这个过程绝对不是一帆风顺的。除了在设定目标和关键结果过程中的困惑,团队在执行过程中,也时常被各种具体的业务压力所影响,从而伤害OKR所要求的极致聚焦。

在实施的早期，我们虽然小心翼翼，但依然难以避免设定目标时的各种常见错误，或过于谨慎，或形成浮夸，或含糊概括，或纠缠绩效。尽管我们不断在研究和学习OKR先进案例，但落实到自己的具体情境时，要保持清醒和坦诚也是一件不容易的事情。在每个季度的OKR设定和评估时，团队成员都不可避免要承受很大的压力。

在向外学习的过程中，克里斯蒂娜·沃特克女士所著的《OKR工作法》一书给我们团队提供了一个极佳的指南。本书用非常特别的体裁，以2/3的篇幅构筑了一个虚构商业故事，围绕一家创业公司的试错、困惑、决断和成长的全过程，说明了OKR工作法的基本原理和实施原则。这个创业故事的设计本身也十分精妙，有清晰的叙事结构和引人入胜的情节，它描写的创业者遭遇是如此真实，读到关键处，你会不禁倒吸一口凉气。结合故事中的关键转折，OKR工作法的说明自然变得生动、具体，而不像常规的商业书籍，读起来令人昏昏欲睡。我相信你一定能够轻松愉快地读完本书，并且得到关键和有用的OKR实施建议。

沃特克女士是硅谷著名的产品专家，她曾经在Myspace（一家社区交友网站）、领英和Zynga（一家社交游戏公司）负责过重要的产品设计和管理工作。对信息架构领域熟悉的读者应该知道，她还是《锦绣蓝图：怎样规划令人流连忘返的网站》一书的作者，此书是网络服务设计和开发的必读教材。

在翻译本书时，明道团队继续采用了出版《高绩效团队的三个秘密》一书时的众包模式，团队中具备良好中英文阅读写作能力的成员自愿承担了翻译任务。上海办公室梁宇、邹昕、战思宇，广州办公室吕丽艳，深圳办公室张倩，成都办公室范娣参与了翻译工作，并由梁宇负责统筹编校。他们来自产品研发、销售和市场等不同职能部门，大多参加过明道的OKR实施。如果把翻译出版此书关联一个季度的OKR，大概可以这么描述：

Objective（目标）：集合团队之力，为社群提供有用的OKR实施知识。

KR1（关键结果1）：让至少5位成员参与此书的翻译工作，并通过翻译质量控制。

KR2（关键结果2）：在本季度内交付出版社，并获得5000名读者。

我本人也全程参与了翻译任务，在明道自己的协作平台上，我每周都能够了解到进度和问题，并力所能及地提供帮助。无论如何，由一家非专业出版机构的年轻成员集体翻译一本体裁独特的书籍，并且能够在很短的时间内高质量交稿，我有一万个理由为团队感到骄傲。

我要由衷地感谢中信出版社慧眼识珠，让这本独特的商业书籍能够进入中文图书世界。我希望它能够真正帮助到成千上万的创业者，通过绝对的聚焦，实现自己的目标和理想。

明道创始人　任向晖

序言
RADICAL FOCUS

用关键结果衡量工作绩效

我非常有幸从惠普开始我的工程师职业生涯,那时正值惠普的鼎盛时期,其持续的创新和执行力被业界当作典范。惠普内部有个叫作"惠普之道"(The HP Way)的工程管理培训计划,外界把这个管理系统称为目标管理法(management by objectives,简称MBO)。

目标管理法的原理很简单,它基于两个基本原则:第一个原则可以用乔治·巴顿的名言概括,"不要告诉下属具体怎么做,只要告诉他们你要什么,他们就会给你满意的结果";

第二个原则可以用那个时代一句惠普内部的宣传语概括，"用关键结果衡量工作绩效"，即如果基础的商业问题没有解决，不论实现多少产品功能，团队整体的绩效一定会大打折扣。第一个原则是在说如何调动团队的积极性，第二个原则是在讲怎样评估工作绩效。

从惠普工作到现在，很多事物都在快速发展，技术每天都在升级，管理的规模和视野也大幅提升，团队整体的效率、产出质量和以前无法相提并论。但这两个管理原则却没有发生变化，且一直奏效，它们是成功团队管理运营的根基。

多年来，MBO已经被一些公司发展并改进，特别是英特尔公司把它发展成为OKR。

遗憾的是，大多数团队在运营管理中没有使用这两个原则。多数管理者都会按季度规划一些项目或者产品功能，然后一股脑儿塞给产品运营团队，告诉他们不用质疑，按照计划执行准没错。团队成员没有准确理解这些规划背后的用意，就按照"命令"落实计划，完成编码、测试和其他运营工作，虽然有时候会产生质疑，但并没有办法反馈。这样的情况数不胜数，团队做的事情并没有解决最核心的商业问题，考核成员就是看完成了多少上司布置的任务。

本书能帮助你像优秀的团队管理者那样管理你的团队，

序言

我见证过大到 6 万名员工的企业、小到 3 人的初创团队成功实施 OKR 工作法。不论团队大小，如果你已经拥有一批优秀的同事，本书介绍的 OKR 工作法一定能帮助你激发团队的潜能。

《启示录》作者，前 eBay（易贝）高级副总裁
硅谷产品集团创始人　马蒂·卡根

前言
RADICAL FOCUS

每一个出版过作品的作家都有这样的体验：有人找到你，说他有一个极妙的想法，并迫不及待地想和你一起实现这个想法；结局也总是差不多，他们艰难地完成了灵感部分，而你只需要简单地把它写成小说，收益则需要五五分成。

——尼尔·盖曼，《你的灵感来自哪里？》（*Where Do You Get Your Ideas?*）作者

在硅谷的这些年，我经常会遇到一些和尼尔·盖曼的描述相类似的情境：一些初创项目让我签署保密协议，因为他们觉得一个好想法很重要，保密协议要确保团队成员不泄露创意内容，更不容许有成员另起炉灶抄袭他们的创意。这些创业者坚信他们的创意很值钱，误以为有了这个想法就完成了创业过程中最艰难的部分，接下来只需要再找一个工程师实现产品就万事大吉了。

这种项目我基本都是回绝的，不要说保密协议，打印他们所谓的创意我都觉得浪费纸。除非是我不熟悉的行业，实际上我听到的多数创意我都曾经思考过。这并不是因为我是天才（其实我真不是），而是因为想出一个创意实在太容易了，最难的地方其实是把创意变成现实。从一个创意到让客户认可你的产品，还能快速上手使用，并愿意为之付费，这个过程的每个环节难度都在增加，每个环节都需要你组建合适的团队来完成。你还需要学会招募人才的方法，要让他们聚焦到具体的事情上，还要确保他们一直记得所做事情的意义。

作家和音乐家创作一部好的作品不容易，但是他们只要管好自己就可以了。而创业和导演一部电影一样，面对的挑战要复杂得多，他们需要管理好每一场都可能失败的"战役",从而确保最终"战斗"的胜利。保护一个创意并不重要,重要的是保护把创意变为现实的过程。

我使用的管理方法由三个步骤组成:

首先,设置有挑战、可衡量的阶段性目标。

其次,确保你和你的团队一直朝着这个目标前进,不要被其他事情干扰。

最后,把握节奏,所有成员一直明确需要努力达成的目标,并相互支持、相互鼓励。

有挑战、可衡量的目标

我会在整本书详细阐述如何使用OKR工作法设定目标。

简而言之,OKR起源于英特尔公司,后来谷歌、Zynga、领英、General Assembly(硅谷知名的创业教育公司)等公司使用后,都实现了持续高速的增长。在这里,O表示目标(Objective),KR表示关键结果(Key Results)。目标就是你想做什么事情(比如,上线一款游戏),关键结果就是如何确认你做到了这件事(比如,一天2.5万下载量或一天5万美元收入)。按照年度、季度设置OKR都可以,但一定要关联上公司的愿景使命。

有挑战的目标能激发团队的斗志，明确的关键结果又会让大家觉得这不是空谈。如果你发现一起床就有做事的激情，说明你设置了一个好的目标；如果你看到关键结果时有点担心，那这个关键结果的设置就是恰当的。

关联你的目标和行动

我最早接触的效率系统是重要—紧急矩阵。该矩阵中的两条轴线将一个矩形分成四个部分，其中一个维度是重要—不重要，另一个维度是紧急—不紧急。重要紧急的事情很容易优先处理，接下来我们应该着手处理那些重要不紧急的事情，紧急不重要的事情靠边站。然而，紧急的事情是如此紧急，尤其是旁边有个人在不停地催你，你很可能就会先处理紧急的事情。因此，我们做好时间管理的一个方法就是，让重要不紧急的事情也变得紧急起来。

先举个个人的例子。比如你不喜欢去健身房，而是想找个私人教练，但几个星期过去了你什么都没做。这个时候你可以把健康当作你这个季度的目标，把肌肉质量、体重、情绪状态都设置为你的关键结果。每周一告诉自己必须完成三个任务,而这三个任务能确保这个季度你健身目标的完成。你的首要任务很可能就是马上给私人教练打电话报名,接下来是找个人监督你,朋友、配偶都是很好的选择,如果没有完成目标,他们也会一直督促你。

工作中也一样,好多事情都可以设置为OKR中的目标:优化数据库加速网站访问,从而提高客户满意度;把最新的品牌商标更新至所有的文档材料中,使公司在客户眼里显得更专业。每周进行事务优先级评估,提醒自己是否已经完成了目标。

就这样,每周评估一下事情的优先级,你会发现到底是哪些事情能让你达成目标、哪些事情和目标关系不大。我发现很多人都会陷入两个误区:要么是过于高估自己的能力,觉得自己无所不能;要么就是过分谦虚,隐藏自己的真实实力,这都会让管理变得混乱。作为管理者,你要清楚地知道哪些人推一推会有更高的产出,哪些人实际执行情况会出现问题。每周对员工进行跟踪回顾,会让每个人更准确地预测自己的产出。

把握节奏

每周一都公布一下团队 OKR 相关任务的优先级别是很有效的。只有团队的每个成员都明确了各自的职责，目标才有可能完成。周五大家再为取得的成果庆祝一番。如此不断地"承担职责—庆祝成果"，能够让团队每周都保持高效。

不要被金苹果诱惑

小时候，我喜欢的希腊神话之一就是阿塔兰忒的故事，她是斯巴达跑得最快的人，但是一直不想结婚。她的父亲想把她嫁出去，于是决定举办一场跑步比赛，冠军即可娶阿塔兰忒为妻。阿塔兰忒和父亲说她也要参加比赛，如果没有人超过她，她便依然是自由身。她的父亲压根儿不认为她会赢，就答应了。

比赛那天，她速度的确很快，一直都跑在前面，胜算很大。但是有个叫作希波墨涅斯的聪明小伙子一直在她前面，他手里拿着三个金苹果，只要阿塔兰忒快超过他时，他就往阿塔兰忒的赛道上扔一个金苹果，阿塔兰忒就停下来去捡，最后希波墨涅斯以微弱的优势赢得了比赛。假如阿塔兰忒给自己设置了明确的目标,并且一直盯着它,她肯定还会拥有想要的自由。

创业者很难忽视类似的金苹果,比如,今天有机会参加一个重要的会议,明天大客户叫你加一些定制需求,后天有个下属出了点儿小状况让你分心。时间输不起,管理运营一个创业项目最怕的就是分心。

设置好目标,所有人承担起相应的责任,做好执行工作,一周结束时庆祝取得的成绩,这样的团队会令人惊叹并聚焦成长;这样的习惯,也能保证团队不会被金苹果诱惑。

生死攸关的创业故事

本书会先讲一个几次面临失败的创业故事,故事的主人公是汉娜和杰克,他们有了一个好想法,于是开始了承载着梦想的创业之路。他们希望每件事情都运转良好,但他们很快就发现,只有好的想法远远不够,必须还有一套有效的管理方法确保梦想能够实现。

在故事结尾,他们不再只是梦想家,因为他们体验过了"战死沙场"的感觉。

RADICAL
FOCUS

第一章

确定目标，确保团队聚焦到重要目标上

RADICAL

FOCUS

乌黑发亮的短发刚好遮住汉娜的脸，她坐在工位上，俯首前倾于电脑键盘前。大家估计他们的这位首席执行官这会儿一定是在翻看上季度那烂得一塌糊涂的业绩报表呢。实际上汉娜并没有看任何数据，她手摊在键盘旁边，只有她自己清楚打起精神有多难。她到底经历了什么？

公司业务本来有着很不错的市场前景，但是一直没有找到打开局面的办法。她的合伙人爱发牢骚，新来的首席技术官看起来是个理论派，除了这些，汉娜现在还不得不解雇一些人，这让刚创业不久的她很是头疼。

她为什么走上了创业这条路？

让喜欢喝茶的人喝到好茶

6个月前,汉娜和杰克开始创业。他们的使命是把优质的手工散装茶带入高档餐厅和咖啡店。

汉娜是第二代美籍华人,从小就喜欢种在自家院子里的茶叶。她的母亲在凤凰城经营一家小餐厅好些年了,全家对食物和茶都很讲究。汉娜在斯坦福大学商学院学习商科,但

是在学校周围从来没有发现好喝的茶,汉娜能在饭后来一杯龙井看来是无望了。

杰克是英国人,他经常因为能完美地做出水煮蛋的一家咖啡店却将"伯爵"误以为是人而郁闷,怎么可能咖啡店居然不知道伯爵茶。杰克也在斯坦福大学读书,他主修人机交互设计。杰克喜欢技术,他的书包里永远胡乱装着几本书,打印出的材料总能找出拼写错误。虽然他平时马马虎虎,却从来不喝袋装茶,他并不觉得袋装茶是进步的产物。

汉娜和杰克是在学校的书店咖啡厅认识的。那天杰克正在大声抱怨咖啡厅的袋装茶,排在他后面的汉娜笑着走过去

从包里掏出一罐绿茶，从那以后他们就成了好朋友。因为家族里很多人都在做生意，汉娜很小的时候就想自己有一天也会创业。除了母亲的餐厅，汉娜的父亲开着一家会计师事务所，她的姨妈也有自己的律师事务所，创业已经成为她的基因。遇到杰克后，她开始清楚自己要成立一家什么样的公司了。他们商量最后一学期一起学习创业课程，毕业了马上就可以实践。

他们认识很多优质的茶叶生产商，因此他们决定把喜欢喝茶的人和好的餐厅、咖啡店连接起来，因为那些餐厅、咖啡店平时只在意咖啡，忽略了茶的重要性。他们为公司起了个名字叫TeaBee，因为斯坦福的人脉关系，他们很快融到了第一笔启动资金。

汉娜出任公司首席执行官，杰克出任总裁，实际上汉娜负责业务部分，杰克负责产品部分。他们在101公路边上租了一间小办公室，因为租金不贵，所以一次性租了半年。他们简单布置了一下办公室，并赠送给装修工人一些茶叶。他们招了几名工程师，杰克设计了一个简洁的网站，顾客可以在上面找到好茶叶的供应商，并且直接下单购买。汉娜拿下了几家当地餐厅的茶叶订单。杰克说服汉娜招募一个平面设计师帮他们制作一个诱人的品牌商标，他们还雇用了一位兼

职首席财务官帮他们处理账务。办公室充斥着敲击键盘的声音，还能听到员工们低声细语的探讨声。

汉娜和杰克很快就感觉到不安，虽然他们的第一笔融资能维持公司一年的运转，但还是认为当下开拓市场的时间太长了。他们找到了很多茶叶供应商，但吸引来的买家却很少，单边市场不是好市场。他们决定亲自出去卖茶叶，同时也可以了解一下茶叶消费者的心理。

一天，汉娜拿着一个大订单回到办公室，她搞定了一家餐厅供应商，这个客户向各种大小餐厅提供茶叶，当然也提供罐头、干果和咖啡。杰克看了订单后喜忧参半，这么大的订单进账的确值得开心,但是这并不是计划中的订单。他们的使命是好店配好茶,可是餐厅供应商真的关心茶吗?他会关心茶叶的质量吗?

汉娜解释道:"杰克,餐厅其实不太愿意直接和我们合作,我们毕竟刚刚进入这个行业,人家不信任我们。餐厅供应商倒是愿意和我们试着合作一下,他们从我们这里订购茶叶,茶农仍然可以赚到钱。我们拭目以待吧,一定没问题。"

要么非常乐观，要么执着到狂热

没几天，汉娜通过母亲的介绍，又和一家餐厅供应商签了一个大合同。回到公司，她把车停到了门口的停车位，但她并没有急着熄火回办公室，而是坐在驾驶位上沉思。公司"让喜欢喝茶的人喝到好茶"的使命一直在汉娜脑子里回荡，这是一个很清晰的使命，虽然听起来不是最诱人的。汉娜在想，直接把茶叶卖给餐厅和卖给餐厅供应商对这个使命影响大吗？她在车里沉思了一会儿，觉得这么做业务没问题，才把车锁了回到办公室。

阳光晒着办公室，很暖和，汉娜把脱下的上衣搭在她赫曼米勒的椅子靠背上。公司买的这些椅子和两块白板都是二手的，物主也是创业者，因为账上没钱，公司没办法继续运营了。创业失败太常见了，大部分创业公司总能和过去创业失败的公司搭上边儿，比如谷歌的办公室之前是网景（Netscape）[①]在用，再之前硅图（Silicon Graphics）[②]也用过。创业者要么必须非常乐观，要么必须执着到狂热，因为实际上一家创业公司能够经营到上市的概率，和中几百万美元的乐透大奖差不多。汉娜觉得她和杰克都足够乐观和执着。

汉娜看到杰克站在办公室后面的长桌边上，团队在这张桌子上一起吃午饭，会议室被占用的时候也会在这里临时开个会议。杰克和他刚雇用的设计师站在一起。设计师好像叫安，不对，应该是安雅。杰克身高1.88米，远远超过安雅1.65米的身高，杰克随意地靠在长桌旁，这样交流起来新人不会太紧张。汉娜走过去打算和他们一起讨论，杰克这才舒了口气，顺便也挺了挺背。

桌子上放着一些贴着不同颜色标签的茶叶包装盒。"汉娜，你也看一下。我觉得蓝色的这个包装不错，但是我担心它摆在货架上不够吸引顾客。橙色的倒是很显眼，但看起来不是

[①] 网景是网景通信公司的常用简称。网景通信公司曾经是一家美国的计算机服务公司，以其推出的同名网页浏览器而闻名。1998年11月，网景被美国在线收购。——译者注

[②] 美国硅图公司成立于1982年，是一家生产高性能计算机系统的跨国公司，总部设在美国加利福尼亚州旧金山硅谷。它是一家业界高性能计算系统、复杂数据管理及可视化产品的重要提供商，并提供服务器系列以及具有超级计算能力的可视化工作站。——译者注

很有品位的颜色。蓝色包装会有种值得信任的感觉。"杰克谈论颜色时可以讲一两个小时，如果后面还讲字体，估计半天也停不下来。汉娜也没搞懂他们为什么这会儿一定需要一个平面设计师，杰克的能力还不够用吗？杰克一直说平面设计不是他的专长，所以汉娜最后也只能妥协。

安雅推了一下深红色的盒子。"嗯，这个深红色的不错。"汉娜说道，"你们俩再想想，这个很容易搞定的。杰克，我想告诉你一件事……我拿下了光湾供应商，他们的客户从莫德斯托一直覆盖到弗雷斯诺。"

杰克皱起额头，慢条斯理地问了句："莫德斯托在……北方？"

汉娜笑出了声，"在南方！下次去硅谷看来要我带路了，你跟在我后面，哈哈。"汉娜说完把包装盒挪开，把合同放在杰克面前，小心翼翼地把合同摊平。杰克仔细看了下，看到具体金额的时候还是有些激动的，毕竟这是公司成立以来最大的一笔交易。

"看这里，"杰克弹掉了合同上笔迹交错留下的斑点，又用笔轻轻描了下。"对了，他们为什么不用我们的网站进行交易呢？"

"他们嫌麻烦，用线上交易系统工作量太大。"

"他们那是在胡说,我之前专门做过可用性测试的。"杰克讲话的语气,听起来是在生气。

"他们看过系统了,但是的确很不喜欢我们的系统。你也不用太激动,过两周跟他们见面的时候我们一起去,你再和他们聊聊。我现在只好亲自输入这些订单了,除非你帮他们把系统做些调整,你可以让埃里克写个接口和他们的系统对接一下,他们基本上天天都要下单,每次订货量都不小。"

杰克看起来并没有被说服。

"这可都是钱啊,我要回去工作了,"汉娜做了一个深呼吸,"你也继续工作吧,不用想那么多,没事的。"

汉娜略有失落,大步走到厨房准备泡杯茶喝。她多么希

第一章 确定目标，确保团队聚焦到重要目标上

望杰克和她一样兴奋啊，这可是钱啊，不仅很可观，而且一直会定期进账。汉娜签的这个订单在杰克看来，就好像她从超市大包小包地买回来一堆东西却忘记买最该买的牛奶一样。走到厨房后汉娜心情好了一些，厨房里到处都是从茶农那里拿过来的样品，她总是可以一饱口福。汉娜上周刚拜访过华盛顿农场，她从那堆样品里抽出一袋，闭上眼睛，鼻子慢慢凑到袋口，缓缓吸了一下茶叶的香气。茶叶散发出的是淡淡的甜味，她很熟悉这种味道，就和远足时脚下踩碎的那些干草所散发出的味道一样。此时，她意识到自己并不孤独。

汉娜觉得自己状态好了很多，她朝着杰克说："我们老这样也不好。"

杰克挥挥手，一边起身一边说："没事的，我们不是一直这样吗？"他走到厨房插上电茶壶的电源插头，拿了个大杯子，"藤佐的茶很好，算得上头等茶了。"杰克靠着柜子，把双手交叉在胸前，继续说："我不确定自己能否和那些人和睦相处。"

"哪些人？"

"我是说供应商，他们可以把立顿送进三星级餐厅，他们压根儿不在乎茶的质量。"

"也不能那样说，餐厅要什么他们就给什么，我坚信好的

013

餐厅一定是想要好茶的，我们只要管好客户开发就行了。"汉娜耸了耸肩说道。

"创业的关键在于以正确的方式做事情：优秀的产品，出众的包装设计，销售给特定的客户群；而不是像多数人一样平平庸庸地做事。"

"我知道创业要找到满足市场需求的产品，这样才能让客户受益，公司也才能进一步发展。"

电茶壶信号灯亮了，杰克把水倒进杯子里，"是的，是的，课本上是这么说的，卖什么都没问题，只要有人买就行，哪怕卖的东西很垃圾。"杰克吹了下茶杯上面漂浮着的茶叶，语重心长地说："这是让我们与众不同的机会，我们能够让产品有极致的用户体验。我知道你担心公司的盈亏，但是不要忘记我们的初心是什么。"杰克并没有等汉娜再接话，就大步离开了厨房。

汉娜心里想，如果他们不再多拿些订单，账上的钱就只够公司运营 10 个月了。茶足够好，也能赚到钱，难道会有问题吗？

在战略目标不变的情况下调整策略

几周很快就过去了。

汉娜叫杰克去会议室聊点儿事情。会议室很普通,房东把墙壁刷成了自己喜欢的白色,三面墙上都挂着白板,上面还能看到之前的租客留下的字迹。汉娜不太喜欢会议室里的日光灯,大学毕业后申请研究所的时候,大概有两年的时间都是在这样的房子里度过的,看到这些装着日光灯的房间她就抓狂。

当他们进到明亮的会议室时看到埃里克在里面,那是他们的研发经理,他喜欢在没有窗户的屋子里写代码。

"嗨,埃里克,我们要用一下会议室。"

"等一会儿哈,马上就好。"埃里克并没有抬头,继续做着他的事情。埃里克一头金发,个子比杰克高很多但是很瘦,他上半身俯在电脑前,整个身体看起来就像一个问号。

"快起来!"杰克很严肃地说,但语气还算温和。

"好吧,我走!起立,撤!"埃里克站起来,一只手端着笔记本,另一只手还在敲着键盘,直到出门他的眼睛也没离开过屏幕。

"他怎么藏在这里?"汉娜有些烦躁。她多么希望杰克已经知道她接下来要和他说什么,她有预感杰克并不知道,就算知道他也不会开心。

杰克耸了下肩,对汉娜说:"他需要集中注意力。我们现在还没有首席技术官,他已经很不错了,由着他吧。"

杰克的话让汉娜想起另一件事情,按道理说招募首席技术官应该是杰克的事情,但是貌似杰克除了设计,公司其他事情他都不感兴趣。唉,看来她要自己搞定了。汉娜咬了咬嘴唇。

他们从长桌的后面拉出了两把椅子。这个长桌是杰克、埃里克还有前端工程师卡梅伦用了一个周末的时间组装起来的。他们在宜家买了两个木质橱柜,本来想着便宜实惠,但是他们并没有完全组装好,还剩下几个零部件不知道怎么弄了。

他俩坐在桌子的一头,汉娜用手指抠着桌面上的咖啡渍,她在想接下来怎么和杰克解释自己的想法。杰克坐在那里等,他习惯了保持沉默。

"杰克,我最近和好几个餐厅供应商签订了合同。"汉娜停顿了一下,杰克又把手交叉在胸前,看来这次沟通并不容易。"每个合同都相当于我们成交了10~20家餐厅,每个供应商大概都是服务这么多餐厅。我还花了很多时间处理艾玛克斯的订单,他们也提供了很多业务。还有杰弗逊供应商,他们的订单量翻了一番。还有更棒的,藤佐农场最近打算增加人手了。"

杰克还是不动声色地坐在那里。汉娜真的希望他早已知道她要说什么了,也有可能他猜到了,但是他并不喜欢已经发生的事情。管他呢,先做再说吧。

"这是个不错的生意,而且可以长期做。销售周期虽然有点儿长,但是供应商愿意和我们试着合作一下。你看这些已经合作了的餐厅和咖啡店,动不动就叫我们过去聊一下,需要处理的杂七杂八的事情挺多的,时间浪费了不少。我觉得应该做一次转型了。"

在斯坦福的创业课上,转型是一件很正常的事情,就是在战略目标不变的情况下调整一些策略。汉娜现在强烈地感觉到应该做些策略上的调整,他们的目标依然是让爱茶的人喝到好茶,只不过他们完全可以通过餐厅供应商的关系实现这个目标。

杰克转过身,有些担心地说道:"你说的不错,我也知道销售周期。"在说销售术语时,杰克刻意让自己放松些。"但是,我们也不能确定餐厅供应商会不会继续向客户提供过去的那些茶叶,以保证价格优势。如果他们只提供低等级茶叶给顾客怎么办?如果他们的茶叶很次怎么办?"

"解决目前的问题就够了,不要有那么多疑虑,有问题了我们再想办法!"汉娜的语气略带指责。其实这句话汉娜从她母亲那里都快听腻了,她有些惊奇现在居然会从自己嘴里说出来。"杰克,这么干绝对没问题,我们已经让茶农赚到钱了,马上我们也可以有利润了。而且供应商后续也会很依赖我们,如果是互利共赢的,他们也不会逼我们做些我们不认可的事情。"

杰克闭上眼睛,但能看到他的眼珠在动,就像做梦一样。他做设计的时候经常会这样,直到他彻底把问题弄清楚。

他睁开眼睛问汉娜:"那包装上印谁的商标?"

"这有问题吗?你担心什么?"汉娜想不明白。

"我们也付出了很多,当然需要展现我们的品牌,就和笔记本上贴着英特尔的标识一样的道理。我们要让客户知道我们也是花了很多心血的。"

汉娜对杰克耸耸肩,说:"我不知道供应商对包装有什么看法,到目前为止他们也没提出过让我们调整。"

杰克咬咬牙，很勉强地回了一句："好吧，我明白你的意思了。"

汉娜也看出来，杰克并不是很理解她，于是又强调了一遍，"我觉得我们现在多花点儿心思在餐厅供应商身上更有意义。"汉娜也猜到，杰克一开口就会说"但是"。

果然，"但是，我不知道，你也不能确定，一直和餐厅供应商合作最后会怎么样。"

汉娜也不知道怎么回答杰克，但她心里有数，不能无谓地因为一些不确定的恐慌发生争执，这样一点儿意义也没有。

"我们去找吉姆吧。"汉娜想到了办法。

吉姆·弗罗斯特是他们的天使投资人，他是硅谷通，目睹了很多创业公司倒闭，只有很少一部分能存活下来。现在能帮他们的最佳人选绝对是吉姆，他聪明又有远见，汉娜和杰克也都信任他。是吉姆帮他们推荐的研发经理埃里克，现在还在帮他们物色合适的首席技术官。

杰克想了几秒，点点头说："好吧，听听吉姆怎么说，反正也没什么坏处。"

一旦团队出了问题，有再多钱也没用

吉姆·弗罗斯特很喜欢星巴克，常常约别人在这里会面。投资人大概都喜欢白手起家的创业项目，星巴克就属于这种。很早的时候咖啡并不值钱，是一种低档饮料，星巴克在派克市场①开了第一家小店，只销售一种欧洲产的优质咖啡，但是它的价格是普通咖啡的三倍。现在星巴克有多种品类的咖啡，都能卖出很好的价格，星巴克也算是创造了一个市场，并独自占有它。吉姆现在到哪里都可以喝到星巴克的咖啡，甚至有的航班上也提供。吉姆希望能找到投资星巴克的渠道，更梦寐以求能遇到类似的创业项目。

吉姆把会面约在了咖啡店，他一手端着一杯意式浓咖啡，一手示意丹和弗雷德坐下——他俩是另一家创业公司的联合

---

① 派克市场是美国华盛顿州西雅图市的一个著名人文旅游景点，位于派克街与弗吉尼亚街上第一大道和西大道之间，始建于1907年，其前身是农村集贸市场。——译者注

创始人，丹是一个瘦小伙，印度人；弗雷德一头金发，脸上有些雀斑，体形很胖。

他们在和吉姆沟通创业项目的调整方向。这已经是他们一年半以来的第四次调整了，最初他们打算做食量追踪的一款产品，后来调整成为美食推荐，上次又把方向变成健康食谱。吉姆看出创始人对新方向缺乏激情，他自己也叹了口气。

丹吹嘘道："内测用户很喜欢我们的网站。"但很明显，他并不自信，弗雷德不敢直视吉姆，只好盯着咖啡，幻想着咖啡能给他指条明路。两位创始人最初产生创意时的那种热情，被现实的市场运营情况消磨得所剩无几。特别是弗雷德，他原本很喜欢那套食量追踪程序使用的算法，但现在做的网站一点儿也提不起他的兴趣，他看起来非常消沉。丹却在这种忙乱的模式中不知所措，他还没有意识到现在更应该踏实地直面问题。

　　创业失败，一大部分是因为资金不足，还有很多是因为创业者失去了激情和信心，吉姆觉得这两个小伙子在这两方面都出了问题。吉姆最终选择了结束这项投资，准备和两个年轻人握手告别。因为一旦团队的状态出现问题，有再多钱也没用。

　　看到汉娜在停车，吉姆不禁想到：再过一阵子，汉娜和杰克会步丹和弗雷德的后尘，还是会成为另一个星巴克？

确保团队聚焦到重要的目标上

杰克其实讨厌去星巴克,但是要和吉姆会面也没办法。这家星巴克在一条公路边上,离吉姆的公司不远,附近有西夫韦超市、壳牌石油、Taqueria(一家墨西哥料理店),还有一家很棒的日本怀石料理店。硅谷对杰克来说充满了困惑,就像这家星巴克一样。星巴克的咖啡有那么好喝吗?能比茶还好喝?为什么那么多投资人都喜欢去那里谈事情?为什么会有米其林餐厅开在公路边上?为什么会有这么多停车位,却从来没有停满过一半?

汉娜把她那辆有点儿年头的本田车停在靠前的位置,发动机还没完全熄火她就拔掉钥匙下了车,杰克也紧跟在后面,看来他们已经迫不及待地想见到吉姆。他们穿着同样深蓝色的T恤和卡其裤。

吉姆坐在露台后面,他经常在那里开"审讯会"。说起来吉姆已经年近60了,早些年在英特尔做高管,后来创立过两家很成功的公司，现在精力都放在风险投资领域。像他这么有成就的人大多会去高尔夫球场谈笑风生，但他脸上的皱纹告诉别人，他生命里通宵达旦处理工作的时间会更多。

吉姆站着和丹、弗雷德握了手，他希望接下来的谈话不会又变成"审讯"。汉娜放慢了脚步，丹他们一走，汉娜就和杰克坐下，简单和吉姆问候了一下，就开始向吉姆请教转型的事情。

吉姆坐下来，手指在咖啡杯边沿滑了几下。每次他们见面的时候，吉姆都在喝咖啡。但是他遇到任何事情总是很冷静，就像刚刚结束了一堂瑜伽课。他给他们讲了一个英特尔的故事：

"以前，在英特尔遇到一些不好定夺的决策，很多人都会提起这个故事。20世纪80年代，日本抢夺了整个存储器的市场，英特尔因此损失了很多钱，内部的争论不计其数，但对于英特尔到底应该怎么办一直没有定论，这可是直面生死的争论啊。有一天安迪·格鲁夫和戈登·摩尔商议此事，格鲁夫问摩尔：'如果我们被解雇了，董事会会重新找一个首席执行官，你觉得他会怎么做？'摩尔毫不犹豫地回答：'他会让我们放弃存储器。'格鲁夫对这个简短而明确的答案还是有些吃惊，于是继续问：'那我们俩何不一起先走出这个门，然后再进来，就按照你说的那样做？'"

"后面的故事你们都知道了，"吉姆继续说，"这个决定让英特尔取得了巨大的成功。从那以后，英特尔内部遇到不好做的决策，都会用'换个首席执行官'的思路去想办法。可见，没有过往经历和个人情绪的影响，可能更容易做出正确的决定。"吉姆停下来喝了一小口咖啡。

"你们想想看，如果你是刚被聘用的首席执行官，你们会怎么做决定？"

杰克看到汉娜没说话，知道她在想什么，于是说："我的确要严肃地考虑一下我们的方向，赚钱生存下去固然重要，但是如果我们把赚钱当作主要的方向去执行，后面可能出现产品质量变差的局面。"

吉姆问杰克："然后会发生什么呢？"

"我一定不会让产品质量变差，如果是那样我就第一个退出。"杰克说完，三个人坐在那里陷入了沉默。

汉娜说："我也会坚持品质第一。"杰克本来是在盯着他刚点的茶，听到汉娜这样说，他抬起了头。

汉娜继续说："我不想成立一家卖低劣产品的公司，我也不会让这样的事情发生。如果想卖普通的茶叶，我去百杰乐或者喜乐^①就好了，我们在一起就是要改变一些事情，而不是复制。"

杰克的目光又移向他没动过的茶水，说道："是的，这样才对嘛。"但是杰克心里在嘀咕，这件事情已经讨论过上百次了，汉娜每次也这么说，但是面对财务问题，她还能坚持这个标准吗？

汉娜继续说："的确，我们能聚到一起就是希望能让爱茶之人喝到好茶，就像你坐在这里喝茶一样，而不是让茶叶浪费在仓库里。"汉娜指着杰克的茶，笑了笑。

汉娜这样说话时，杰克总会想起自己的妹妹。杰克看看茶，抬起头也对汉娜笑了笑。汉娜大学读的是MBA（工商管理硕士），杰克的同学经常嘲笑MBA，尤其是谈到"退出战略""价值最大化"等专业词汇的时候，他们觉得这些词很古怪。杰克以前经常认为他们写的程序代码值多少钱那就是价值，他现在也逐渐理解价值远不止这些。

最后，杰克说道："看起来不经意间，我们已经找到了满足市场需求的产品，我想如果我是新来的首席执行官，我一定会承担起转型的责任。"说完他看到汉娜的肩膀很明显地放

---

① 百杰乐和喜乐都是美国茶品牌。——译者注

松了下来。

吉姆说："不错，其实不用过于担心团队会抵触策略调整，这种调整很正常。另外，我推荐你们使用OKR目标管理法推进公司的进展。"吉姆看到汉娜和杰克一脸茫然，又继续解释："OKR的O是指目标，英文是objectives；KR是指关键结果，英文是key results。很多公司用这一方法确保团队聚焦到重要的目标上。每个季度团队可以设置一个有挑战的、方向明确的目标，同时设置三四个明确且具体的结果指标，并且这些指标能确保目标的完成。你们思考一下后面三个月团队的目标是什么？有哪些重要的事情看起来很棘手？三个月时间能否齐心协力把它们解决掉？"

汉娜马上就想到了："我们接下来的目标就是向餐厅供应商证明我们的价值。"

杰克追问道："你说的价值是什么？"

"我们提供的一流茶叶可以帮助供应商的业务实现增长。"

杰克听了汉娜的回答后点点头，"一流茶叶"听起来相当不错。

吉姆继续问："那你们怎么知道你们的目标实现了？"

汉娜和杰克两个人挪了下位置，坐得近了些，这样方便两个人讨论。设置以收入为导向的关键结果其实不难，但是要衡量公司为供应商提供了多少价值，这个还是有难度的。

杰克想到了一点："供应商不讨价还价？我是说，如果是好产品，供应商不会太计较这一点钱。"

汉娜看了一眼杰克，说："这不可能，讨价还价本来就是谈生意的一部分，成本低一点就意味着多赚一点，这是做生意的生存之道啊，如果我妈妈不在生意上讨价还价我会觉得她疯了。我们还是想一个留存类的指标吧！"杰克面无表情，汉娜继续说道："重复订购率达到30%你觉得怎么样？"

吉姆没等杰克搭话，说："OKR需要设置有挑战的目标，我们要那种有一半的把握能达到的目标，然后带领团队尽最大的努力实现它。作为你们的投资人，你们把目标设置为30%的重复订购率我还是很担心的。"吉姆提出的这个严肃的建议，不单单是以朋友的身份，也是因为投资人需要共同承担风险。

杰克说："那达到100%重复订购率怎么样？"

吉姆笑着说："那可能实现吗？如果团队认为目标无论如何都不可能达成，那是一件很沮丧的事情。"

汉娜听了之后说："我认为70%是有可能完成的。现在，所有的供应商在我的督促下都会继续订购我们的茶叶。"

杰克又想到在线交易的事情，他说："这个季度我们可以尝试更多的在线交易，这样我们就可以少做很多事情。再说我们的网站上线也很长时间了，供应商完全可以自己在线下订单。"

汉娜对杰克说："他们没法使用，现在的系统很难满足他们的需求。"

"好吧，那我们就把优化在线交易系统也纳入这个季度的OKR。"

吉姆马上就要进行下一个会谈了，他走到另一个位置上坐下来，汉娜和杰克则继续讨论着OKR的其他细节。不知不觉很晚了，咖啡店里已经看不到一丝阳光，他们的茶水也冷了，但顺利的是他们又有了一起为之奋斗的明确目标。回家睡一觉第二天再和团队说吧。

RADICAL
FOCUS

第二章

讨论关键结果，复盘OKR实施过程中的问题

RADICAL

FOCUS

和团队成员讨论关键结果

第二天一大早，沏了一壶祁门红茶（安徽名茶），汉娜和杰克再次盘点了一下前一天制定的OKR。虽然看起来的确具有挑战性，但这些的的确确都是团队当下应该要做的事情。

他们召集团队所有成员来到会议室，汉娜站在最前面准备和大家说OKR相关的事情。虽然她在创业课上每周都需要面对所有人演讲一次，但是现在站在自己团队面前讲话，汉娜还是觉得放不开。三个工程师坐在同一侧，都开着笔记本电脑；设计师安雅则很投入地在素描本上画着什么，瀑布般的长发垂落下来；他们雇用的首席财务官直子（日本名）坐在那里，手里拿着刚打印出来的销售报表。汉娜看到他们就更紧张了，她觉得所有人都把自己的未来押在了她和杰克身上。没有压力，可能吗？

汉娜深吸了一口气，她在尝试瑜伽老师教的减压方法，这口气要输送到全身每个角落。

"伙伴们，大家好。"汉娜扫了一眼团队，希望能得到一些鼓励。她看到研发经理埃里克抬头看了她一眼，其他两个工程师卡梅伦和谢丽尔一直在看他们的程序代码。杰克就站在汉娜旁边，笑着对她点点头。

"我现在和大家宣布一件事情，我们打算在运营策略上做些调整，但这次调整很重要：我们接下来将完全专注于与餐厅供应商的合作。"汉娜后面又和团队谈了谈她最近成交的几笔生意，同时分析了一下直子刚做好的销售报表。

杰克补充道："我们的使命依然是让喜欢喝茶的人在餐厅能喝到最满意的好茶，我们只是在销售策略上做了些调整，这样我们能更高效地完成目标，收益也会不错。"

听到这些，团队成员看上去并不是很高兴。

埃里克很明显有些沮丧，他终于不看电脑了，"怎么可以这样？我们一开始不是为了帮助茶农做些小生意吗？这是我加入团队的理由。这些餐厅供应商一直都是卖茶叶公司的产品，他们从来不关心茶农的利益。"埃里克在美国中西部[①]长大，在加州大学伯克利分校读的大学，因为堪萨斯州的冬天实在太冷了，所以他就留在了硅谷。

[①] 美国中西部农业非常发达，作者强调埃里克出生在堪萨斯州，隐含了埃里克对农业的特殊感情。——译者注

杰克解释道："TeaBee可以确保茶农的利益，我们保证会帮他们争取好的价格，同时去发展新的客户。"

汉娜接着说："还有，其实大部分茶农都是小规模生产，他们没法长久持续地给供应商提供茶叶，大部分餐厅对这一点是有顾虑的。供应商也和我说过，要不是我们能把茶农聚集起来，他们其实也不太愿意在茶农身上花精力。我们能保证持续提供优质的绿茶和红茶。"

杰克最后说："因为我们，茶农可以卖更多的茶叶，不仅如此，他们现在还能够准确预测收入，能够把握好招募工人的时机，有条件的茶农还会更有信心去扩大规模。"

解释了半天，团队成员看起来都接受了这次转型。埃里克的手放在他的嘴边，看起来好像是没什么可以继续反驳了。汉娜看着埃里克的样子，不清楚他到底在想什么。

"现在让我们明确一下这次转型意味着什么，"汉娜一边在白板上画了一个运营调整的分析图，一边对团队成员说："餐厅供应商接下来就是我们主要的目标客户了，这就意味着一些改变。我们需要再招募一些销售人员，还要组建一个强大的客户服务部门，之前这部分工作都是靠杰克的魅力和我的两条腿完成的。"听汉娜这么说，团队成员都哈哈大笑，所有人都知道杰克不太喜欢处理业务上的事情。杰克只喜欢非正式的聊天，虽然也能发现一些客户，但是一到业务交易、价格谈判、合同条款的签署就都要靠汉娜了。汉娜继续说："销售人员要理解我们在做的事情，每个销售人员都要和数以千计的客户打交道，我们需要和客户深入接触。"

汉娜在白板上写下 OKR 的两个内容，然后和团队成员继续讨论具体他们计划做到什么程度。

- **目标：** 向餐厅供应商证明我们所提供的优质茶叶的价值。

关键结果 1： 客户重复订购率达到 70%。

关键结果 2： 50% 的重复订购客户能自助完成重复订购。

关键结果 3： 完成 25 万美元的交易额。

- **目标：** 为餐厅供应商优化在线订单管理系统。

关键结果 1： 80% 的重复订购订单在线完成。

关键结果 2： 系统满意度达到 8 分（满分 10 分）。

关键结果 3： 电话订购减少 50%。

写完这两个之前和杰克讨论好的内容后,汉娜又边说边补充了两个OKR:"一个目标是:建立一支高效的销售团队;另一个目标是:建立一套反应灵敏的客户服务流程。"说完又为每个目标补充了三四条对应的关键结果。

团队成员觉得70%的重复订购率有点儿高,想降低到60%。埃里克说:"下个季度再继续提升也没问题,对吗?"

当大家正在热烈讨论的时候,卡梅伦发言了:"那现在的客户,我是说已经签约的餐厅怎么处理?"

杰克回答了他:"可以继续合作。"

汉娜摇摇头,本想开口反驳的,但想了想又没继续往下说。这次调整的东西挺多的,团队也没有和餐厅直接打过交道,她私下再和杰克商量吧,以后要逐渐减少直接和餐厅的合作。汉娜不是担心再起冲突,而是觉得这不是当下最重要的事情。

砍掉与关键结果无关的业务

汉娜正在把供应商的订单输入到系统里，突然感觉旁边站着人，抬头一看是杰克。他穿着外套，手里拿着一些他们自己的盒装茶叶。

杰克问她："准备好了吗？"

"准备做什么？"

"品鉴会啊！极光联合办公空间（以下简称"极光空间"）举办的品鉴会，你忘了吗？准备出发吧，要不然路上要堵车了。"

汉娜盯着杰克，脑子里还在想订单录入的事情，"你看，我要处理这些合同，要不然塞斯托福收不到他们订的茶叶了。"

"为什么他们不用网站自己录入啊？"

"我上次和你说过了，网站每次只能输入10条信息，他们每次下的订单很多，一个订单要录80次，这么搞他们要崩溃的。赶快改进一下吧，我录好就走。"

"我在车里等你。"

"外面95华氏度（35摄氏度），汽车已经成烤箱了。"

"那你快点，不要让我烤死了，我可不想迟到。"杰克拿着茶叶气呼呼地走开，边走边嘀咕着："我讨厌迟到。"

汉娜有点儿郁闷，但还是关掉网页、合上文件，跟着杰克出去了。

他们提早到了极光空间，把茶叶样品都摆好。极光空间是一个典型的联合办公空间，每个开放的办公室都能容纳6个由四五个人组成的创业团队。办公桌看起来像是宜家的，座椅都是昂贵的赫曼米勒的。极光空间设置了中央厨房，放了几个微波炉和一个饮水机，还摆着很多品牌咖啡和梅森罐[①]。

看到厨房的这些陈列，杰克笑呵呵地对汉娜说："我们给他们的水壶和水杯带来了好东西，你看看这些，就知道这里的负责人不关心真材实料的东西，只会追求时髦。"

因为一路上车里都放着迪斯科音乐，汉娜下了车还觉得

[①] 梅森罐是一种密封螺旋盖的大口玻璃瓶，有150年的历史，现在被视为小资和文艺复古的象征，可以用来存储干燥的食物或者用来腌制食物。——译者注

满耳朵都是《洗车场》(Car Wash)①的声音，那种声音就像她母亲在整理刚批发回来的茶杯时发出的刺耳的碰撞声一样。在极品空间到处看了一下，汉娜才感觉好了一点。汉娜告诉杰克，这是她最后一次参加品鉴会了，以后不会再参加了，而杰克却借故和极光空间总经理攀谈，没再和汉娜说话。汉娜其实还是挺内向的，除了必要的事情，她不太愿意和其他人交流。

晚上的安排和其他品鉴会一样紧凑，邀请了多家咖啡店和面包店，杰克设法和每个参会者沟通，说服人们试喝他们的每一种茶。汉娜和一个做旅行软件应用的首席执行官交换了已经接触过的天使投资人名单。极光空间里的租客大多8点下班，品尝完有些人回去继续加班，有些人则出去再吃点儿东西。和陌生人沟通还是挺累的，再加上晚上开车回去也会很辛苦，所以汉娜开始收拾东西，准备早点儿回去。这时她突然想起来客户订单还没有全部录入到系统里，于是她放下手里的东西深深地叹了口气。

"杰克？"

"嗯？"

---

① 《洗车场》是1976年同名电影的主题曲，该迪斯科音乐当年获得音乐排行榜冠军。——译者注

"你为什么要来参加这种品鉴会?"

"我刚和极光空间经理签了一个订单,每周15磅(约6.8千克)茶叶,而且我们的商标也会贴在包装上,这能提高我们的品牌识别度。"

"谁能看到?餐厅供应商可不会在这个厨房消磨时间,他们才是我们现在的客户!"

"投资人也会看到啊?无论如何我们今天还是签了一个订单。"

"联合办公空间也能算个订单吗?这不是我们要关注的事情!"

"他们以后可以在网上自助下单的,又费不了多少事。"

"不要提自助下单了,我现在每天还是要输入很多数据,你快把精力放在产品上吧,系统有很多地方要优化!"

"你说的这个已经在做了。"

"所有的工程师都会出去这样谈合作吗?"

"没有啊,怎么可能?"杰克没有再继续说下去,他很困惑,不知道汉娜为什么火气这么大。杰克本来也生气了,但是他不想和汉娜吵起来,他们谁也不喜欢吵架。杰克决定退让一步,他继续说:"这样吧,我晚上自己打车回家,这样你路上也能开得快一些,早点儿回去吧。"

汉娜看出了杰克的心思，心平气和地对杰克说："杰克，我没事。你叫出租车前要答应我一件事情——我们要聚焦到OKR上面，不要再参加这种品鉴会了，这对我们推进OKR没有任何帮助，纯粹是浪费时间。"

杰克犹豫了一下，把手伸进裤兜里又掏了出来。"当然有用啊，我们有机会认识很多人。"

"不，我觉得一点儿用也没有。"

突然，杰克变得快乐起来，"你和那些蒙特雷①的家伙电话里沟通业务会紧张吧，没事的，到时候我和你一起，保证每个人都很好打交道。走吧，冷静一下，回家睡觉吧。"说完他拿起汉娜打包好的东西走了出去，他以为这样就能打消汉娜的顾虑。

汉娜能冷静下来吗？肯定不能，更不要说睡觉了。她回去之后，还要把另一个订单的20种茶叶输入到系统里。

---

① 蒙特雷是美国加利福尼亚州历史最悠久的城市之一。——译者注

重视产品质量

杰克早上到办公室的时候已经很晚了,他慢慢地把自行车锁在后面的架子上。汉娜向来来得很早,她应该已经到了。杰克并不想再谈昨晚的事情,他想也许汉娜会主动道歉,然后他也会承认自己做得其实并不好;或者他可以先道歉,但是如果她不愿意原谅他呢?不管怎样,他总觉得结果不应该是这样,毕竟他也是想做一个好公司、一个好产品啊。

他曾看到过那么多他喜爱的产品设计随着时间而消逝,包括他很喜欢的智能手机,现在只能放在口袋里,又大又沉,以前把它拿在手里把玩是多么惬意啊。他曾在一家仰慕已久的公司里工作了一段时间,在那里他看到了产品经理和公司为了短期利益而不惜降低产品的质量。他意识到这一切变糟的原因就是钱!很多商人为了得到奖金,想尽一切办法让股价在短时间内上升,根本不在乎用户体验和公司的声誉。就在那时他下定决心,只有自己开办一家公司,才能坚持自己的愿景，保证产品的质量。杰克现在也开始担心自己会被迫变成他所厌恶的那种商人，担心为了维持 TeaBee 的运营而放弃自己的原则。

杰克想和汉娜解释为什么在品鉴会上展示产品非常重要：只有有了令人信服的品牌，才能拥有良好的口碑，而良好的口碑意味着他们可以把自己的茶叶送进人们的口中！然后大家就会了解到 TeaBee 有多么优秀，那么钱自然而然就来了，这才是他们要做的。汉娜应该会理解他的想法，因为她也一样热爱茶叶。

杰克走进办公室，汉娜不在公司，她应该是出去见客户了。他耸耸肩，这才察觉到刚才自己的肩膀绷得很紧。看来只能改天再谈了，杰克走向自己的位置，还没有坐下，就看见埃里克在朝他挥手。

"嗨，我想到了一个很酷的东西，就连夜做了一个原型出来，你过来看一下。"埃里克坐回自己的椅子，腿在桌子下面伸直，手指着显示器对杰克说。杰克看着他长长的手指上泛着一片黄色，有点儿好奇他每天究竟要抽多少支烟。

埃里克向下滚动网站的首页，最上面导航条的位置没有动，只有其他内容会移动。然后他点开订购单开始操作，每当他把最后一条信息填好，下一条就会自动显示出来。

"相当漂亮。"杰克很欣赏这个效果。

埃里克耸了耸肩,"只是现在显示订单详情还需要等很长的时间。"

杰克心里咯噔了一下,"那是我的问题,我弄好一半了,但是因为在准备品鉴会的事就耽搁了。"

埃里克说:"我们何必这么辛苦呢?说真的,那些餐厅供应商就应该自己输入这些订单。通过剥削农民已经挣得够多了,让他们多花些时间录入数据我看也挺好的。"

"录入数据"这几个字让杰克感觉很不安,全都是因为他没有把技术文档写完交给埃里克,汉娜才要一直做这些工作。他和埃里克解释道:"其实不是供应商在录入,而是汉娜一直在录入这些信息。"

埃里克好像没有察觉到杰克的心情,他继续说:"不管怎样,我还是不明白,我们为什么要把精力都放在供应商身上?我们难道不是更应该重点关注农民和那些餐厅吗?这些做小生意的人更需要帮助!"

杰克喜欢去拜访那些餐厅,喜欢和那些联合办公空间和孵化器做生意,他不喜欢供应商公司的那种奢华、夸张的办公环境。

"我有时候觉得汉娜想把公司打造成下一个星巴克。"埃里克终于抱怨完了。

"好吧，我不知道什么原因，好像每次我们见投资人都是在星巴克。他们想投资这样的公司，成功退出后就能拥有巨大的回报。"

埃里克点点头，说："嗯，我们还是要为茶农多做些事情，这些事总要有人去做。"

"是啊，现在生产劣质产品的公司太多了，我们必须让人们看看什么是真正的品质！"

"给你个大大的赞！"

杰克走到自己的工位时感觉好多了，因为他们有好的茶叶，包装和设计看起来也很不错，而且网站也很好用，他想汉娜一定也会回心转意的。

在破产之前找一些削减开支的方法

为了遮挡阳光，工程师在窗户上贴了张海报，但阳光还是能照进来一些。傍晚的时候，汉娜回公司了。

汉娜没放包就直奔杰克："我们谈谈吧。"

她走进了会议室。

"埃里克，我们要用这个房间。"汉娜一走进会议室就朝着埃里克说，一副不容争辩的语气。

埃里克站起来，带着他的笔记本电脑回到自己的工位上。

汉娜坐了下来，杰克在她对面坐下，他们中间隔着这张大桌子。季度初讨论的OKR还在白板上贴着，杰克漫不经心地想着他们现在完成了多少。

汉娜身体前倾，问："杰克，你续签了安雅的劳动合同？"

他眨眨眼，说："对，我们现在还需要她。"

"可是我们快没有能力给她支付工资了，公司马上就入不敷出了。半个季度过去了，我们的销售业绩没见好转，可是马上需要再次融资，这样下去没有谁会愿意给我们投资。"

杰克满脸困惑地看着汉娜，他完全没有料到谈话的内容是这样的。

汉娜瞪了他一眼，说："你有没有看过我发给你的报表？"

"还没有，你知道我真的不太擅长这个。但我们不是签下了极光空间，还有上周的那个餐厅吗？"

"上上周我们失去了一个餐厅，他们破产了，这个没办法，所以我们的收入还是那样。我们之前也讨论过，我们需要供应商，本季度再谈2个，下个季度搞定5个就行了。这样我们就会有好看的报表，就可以开始张罗下一轮融资。"

"难道我们就不能多做一些餐厅的生意吗？"

汉娜听到杰克这么说还是挺惊讶的，一言不发地盯着他。杰克也意识到两个月前他俩有过一模一样的对话，但为时已晚，汉娜爆发了："我们短时间内没法成交足够多的餐厅订单，我们也不可能招聘很多销售人员，那样的话我们账上就一分钱都没有了。餐厅做生意都很小心谨慎，而且沟通的节奏很慢，成交周期又很长很长。好不容易成交了，最后他们一周也只是订购一磅茶叶，而一家供应商就能抵得上100家这样的餐厅。"

汉娜气还没消，继续对杰克发火："杰克，你连最基本的经济常识都不明白,简直要把我逼疯了。如果你是在一家大公司里做设计,开会中谈数字的时候你打个盹儿关系可能不大,但你要知道,这是你自己的公司啊!"汉娜边说边使劲儿拍着桌子,以至桌子都在晃了,杰克往后退了一下。

汉娜摇摇头,坐了下来,她也被自己的情绪吓了一跳。她深吸了一口气,放低声音继续对杰克说:"杰克,如果融不到钱,我们就不得不辞退一些员工。你知道我妈妈在开餐厅吧,其实那不是她的第一家餐厅。我祖父母也开过一家,我妈妈就是在那里学会了如何开店,并且爱上了做生意。但在20世纪70年代经济衰退期间,没人会出去吃饭,我的祖父母尽力让餐厅保持营业,他们试图不辞退任何员工。那个艰难的时刻,谁也不希望自己丢掉工作。但最后事情并没有好转,餐厅还是破产了。也许他们最开始时就应该辞退一些员工,找一些削减开支的方法……"

汉娜斜靠在椅子上,语气虽然冷静了很多,但是听起来还是令人不安。汉娜看着杰克,神态也显示出她非常感同身受,并继续对杰克说:"我不能犯同一个错误。"

"什么?"杰克轻声问道。他看上去有些担心,甚至是害怕。

"我想你能承担起责任来,杰克,你现在是怎么想的?"

汉娜指了指会议室四周，写满了 OCR 的讨论、一些客户的信息，还有很多网站原型图。杰克每天上班都能看到这些。

"我想做真正有意义的事情，我们一起发现一些很棒的东西，并让其他人像我们一样热爱它，这个过程一定会很有意思。"杰克说。

他停顿了一下，身体前倾，手肘撑在桌子上，两只手握在一起。"我每天看科技资讯，看到人们做的那些能改变世界的东西，很有满足感，我希望公司以后也能变成那样。"

汉娜对杰克说："创业的确有时候看起来很快乐，但是，你不能总是自己做这些有趣的部分，却把艰难的部分留给其他人。如果处理不好这些事情，我们就会破产，员工就会失业，那么就没有人能知道茶叶到底能好到什么程度了。"汉娜让自己尽量保持笑容，但脸色并不好看。

杰克回应道："好吧，我待会儿认真研究一下报表。"然后重重地叹了一口气。

汉娜点点头，她不知道杰克只是想快点儿结束对话，还是真的想做一些改变。

清除团队里的"害群之马"

　　杰克戴着耳机坐在电脑前，本来一直在听音乐，也不知道什么时候停止了播放。他盯着汉娜发过来的报表，但这些数字到底是什么意思？她负责销售相关的OKR，但是报表对应调整了哪些内容呢？目标达成了多少，还剩下多少？所有数字看上去都很陌生，但是他也不好意思去问汉娜。汉娜接了个电话就出去谈生意了，至少要到下午4点才能回来。他决定再忍一忍，如果到时候还没搞懂再去请她解释一下。他想也许盯着这些数字多看一些时间，没准突然就能搞懂了。

　　透过耳机，他听到谢丽尔和埃里克在窃窃私语。他本以为他们在讨论一些产品缺陷，但听到"汉娜""出卖"这几个词的时候，他感觉有些蹊跷，便忍不住开始留意他们的谈话。

　　他听到埃里克说："是啊，典型的从MBA出来的呆子，她脑子里只会想怎么赚钱！"

　　"也许吧。"谢丽尔说，她平时不是一个健谈的人。

"你看,她把我们变成了大公司的囊中之物。也许公司创立之初她就是为了卖掉它,这就是她从所谓的'商学院'里学到的东西。"

埃里克说到"商学院"时做了个引号的手势。杰克尽力不让他们发现自己正在通过眼角的余光观察他们。

埃里克继续说道:"你知道吗,他们只想着提高收入,接下来一定会辞退一些人,这样财务报表上的利润看起来会更高,就能带着最大的利益退出。"

杰克觉得这些话完全就是无稽之谈,汉娜并不是那样的人。

这时,他又听到埃里克说了一些更让他心惊肉跳的话。

"他们所谓的'降低成本策略'不会影响到我,我们现在各种文档都不全,我空闲的时候对代码做了一些调整。祝后面招来的首席技术官好运吧,他肯定什么都看不懂。"

杰克听说过工程师会把代码写得非常难懂来避免被炒鱿鱼,他本来一直以为这只是硅谷的一个传说而已,那些人只是工程师中的极少数败类,现在看来他错了。他关闭了报表,打开了没写完的技术文档,不过接着他又在另一个显示器上重新打开了报表。然后他就那么坐着,目光在两个屏幕之间来回切换,试图想出一些办法。

直面坏消息

杰克找汉娜拿一个证件,这个放到网站上对业绩提升有好处。这时汉娜办公室的电话罕见地响起,杰克吓了一跳,汉娜冷静地拿起电话:"您好,这里是TeaBee,我是汉娜。"她停顿了一下,继续说:"哦,菲利普,你好!"

菲利普也是一个餐厅供应商。汉娜好一会儿都没说话,一直在听,杰克只好坐下来等着,心里抱怨着拿一个证件居然要等这么久。

汉娜皱着眉头说:"实在抱歉!可否给我们一个弥补的机会?我亲自开车把茶叶给你们送过去。"

汉娜再次听对方讲了很久。

"非常理解,再一次向您致歉,再见。"

汉娜挂掉电话,把额头埋在键盘里。杰克走过去,静静地等着汉娜注意到他。

汉娜抬头对杰克说:"我们失去杰弗逊供应商这个客户了。"

"为什么？怎么会这样？"

"订单有很多问题！"

杰克注意到汉娜两手握在一起，手指反复地缠紧又松开。

汉娜问杰克："针对大订单的系统优化做得怎么样了？我不能一直这么人工录入订单了。"

"嗯，我昨天让埃里克去处理了，我估计他应该弄得差不多了吧。"

"好吧，但愿他这次能彻底处理好。"汉娜的眼神变得冷淡而空洞，手一直垂放在腿上。

她继续对杰克说："好了，你可以联系藤佐农场了。"

"联系他们干什么？"

"告诉他们我们无法再提供订单给他们了，杰弗逊供应商是唯一一家用日本抹茶的客户，多数日本城的餐厅都是从他们那里进货。顺便告诉藤佐他们这次失去了最大的客户，但愿他们还没有扩充人员。"

杰克听到这些脸色苍白。

"去吧，把这件事处理了，我们的总裁。"说完汉娜转身就走了。

让所有人承担自己的责任

汉娜站在星巴克门口,她很纠结,她不确定吉姆是不是合适的咨询对象,但她不知道还可以跟谁说。失去杰弗逊这个供应商让她感到十分受挫,也动摇了她的信心,再加上杰克又帮不上忙,这些都是她面临的问题。

她买了两杯意式浓咖啡,和坐在后面露台处的吉姆碰面。汉娜递给他一杯咖啡,吉姆笑着问她杰克今天怎么没来。

汉娜犹豫了一下,然后说:"我想单独和你聊聊。"

吉姆的笑容一下子消失了,眼睛快速打量了汉娜一番,然后平和地问汉娜:"你想说什么?"

汉娜看起来有些紧张,她说:"嗯,我们遇到了一些挑战,希望你能给些建议。"

吉姆示意汉娜继续说下去。

汉娜开始了一长串的抱怨:"我想说一下杰克的情况。他总是把时间浪费在品鉴会和包装设计这样的小事上,不抓紧

时间去处理我们系统上的严重问题，杰弗逊这个大客户就是因为系统的问题丢掉的。"

她看着吉姆，等待他回应。吉姆脸上原有的笑容没有了，吉姆嘴角微微翘起，然后双手摊在桌子上："你有没有跟他说过，让他承担好自己的角色？"

"有啊！"她想了一下，继续说："应该算是说过了，我和他讲过他是在浪费时间，我觉得他知道我在说什么。"实际上汉娜用"总裁"挖苦过杰克，这和明确地指出杰克没有做好本职工作还是不一样的。

"汉娜，说清楚也不难。你清晰明确地和杰克说，回去再和他讲一遍，很多时候都是你要说得别人耳朵都起茧了他们才能真正听进去。你们上次在聚焦目标和关键结果上已经达成一致了，现在你必须确保他知道自己作为创业公司的联合创始人，到底应该是怎样的一个角色。"吉姆抿了最后一点儿咖啡，继续说："你也要明确自己的角色，作为首席执行官，你的职责是设定目标，要直接明确地和团队成员沟通，那样做才是个称职的首席执行官。"

"我担心接下来还是这样。"汉娜想知道最坏的情况下该怎么应对杰克。

吉姆耸耸肩，说："迫不得已的话，我们可以选位更有经验的高管。"

听到这句话，汉娜愣住了。喝了口咖啡，汉娜感觉自己的胃在剧烈地翻滚，喉咙也像着火一样，比经常喝到的劣质茶还难喝。

吉姆继续说："我很喜欢你们两个年轻人，所以我就直接和你说了。你刚刚告诉我你快崩溃了，但你要知道，我是你的投资人，不是你妈妈，你自己要想方设法让你们都振作起来，搞不定就让他离开团队。你们当下要专注在业务上，要不然我只能另找他人把公司业务做起来。换几个人很简单。你们的项目才刚刚开始，在硅谷成功的企业身后都有一部血泪史。"

汉娜听说过这样的事情，投资人强行让有经验的管理者取代创始人，这种事情很正常。

"明白，我会跟杰克沟通的，从而明确我们当下的职责。"汉娜很认真地回答了吉姆，她感觉咖啡让她心跳加快。

"好，很期待下次的见面。"

究竟哪件事情更重要

汉娜回到公司已经很晚了,杰克坐在他的电脑前,其他人都回家了,办公室显得很空旷,只有埃里克还在会议室里一个人待着。汉娜脱了外套正要坐下时,杰克大步向她走过来。

"怎么了?"汉娜问杰克,其实她还没有准备好怎么和杰克重新明确两个人的职责,她需要找个合适的时机。

杰克说:"我们需要谈一谈。"

汉娜低下头,她多么希望能找一个更好的时机再和他聊,"现在吗?我还有很多订单要录入。"

"我觉得埃里克在给我们搞破坏。"

"他……"她看了一眼会议室,本来想说埃里克最近可能状态不好,可还没说完杰克就打断了她。

"不是。"

"这么恐怖？那是什么？"

"我无意中听到他和谢丽尔的谈话，他说为了保住工作，故意把代码弄得很难懂。"

汉娜重重地坐在椅子上，发现压住包了，又站起来把包移开重新坐下，杰克则坐在她办公桌边上。

"杰克……"

"我知道。"

其实他不知道，一点儿也不知道汉娜要说什么。"我们需要尽快找个首席技术官。我们都不懂编程，很难判断这件事是不是真的。"汉娜觉得目前整个公司混乱不堪。

"不是代码的问题，我是在说埃里克。我知道他不太认可这次的OKR，但是现在已经做过头了，他在到处说闲话。"杰克用力吞了一下唾沫，继续说："他把你说得很恶劣。"

"那我们就解雇他。我们现在可以解雇他吗？"

"我不知道。"

汉娜打开笔记本，可能是喝了太多咖啡的原因，她的手在微微发抖。她突然又想起另一件事情："对了，你联系藤佐农场了吗？"

"我觉得现在更应该解决埃里克的问题。"

汉娜猜杰克一定还没有联系藤佐农场。

"我再考虑一下。要不我们明天再聊,我还需要消化一下这些事情。"

汉娜感觉到从未有过的孤独。

任何一家公司都不是可有可无的

第二天，杰克一上午也没有给藤佐农场打电话，因为他之前从来没有传达过任何坏消息，从来没解雇过任何人，也没有处理过任何客户解约事宜。

他下午也没联系农场。他知道要么在今天 6 点下班之前、要么明天一大早必须联系到他们，否则汉娜就会不停地指责他。于是他离开办公室准备出去走走。

他们的办公室在 101 公路和 Bayshore 公园之间的一条狭长的街道中，离 101 公路还有一长段距离。有许多刚起步的创业公司、咨询公司和各式各样的店铺开在这条街上，小到宠物医院，大到教育机构。这条街的一头是一家大型账务公司，另一头是一个富豪们共筹的小型机场。

所有遇到棘手问题的人都喜欢在这个海湾边走一走。海边充满自然气息，是一个能缓解压力的好地方。除非是很私密的问题，汉娜喜欢找个人在这里边走边谈，杰克也很怀念他们以前在这儿散步的时光。不过好像他们这些天聊的都是私密问题。

杰克曾经一直以为创业是个好主意,但设计师们很少创业,似乎他们害怕和钱打交道。不过杰克现在觉得,设计师们真正害怕的可能是被束缚。大学毕业后,他花了一年时间准备研究生院的申请,其间做了很多调查,他发现创业还是很简单的:就是让客户满意。但是现在他困惑了,他不知道到底谁是他的客户,也没有见到哪些客户满意过。

他曾试图跟杰弗逊供应商沟通,希望他们能再给一次机会,但是客户不再给机会了。他们告诉过汉娜后续不要合作了,所以接到杰克打过来的电话感觉很烦躁,所有事情还要再说一遍。杰克担心汉娜会因为他最后没有再努力争取杰弗逊供应商而责怪他。

最后,他鼓起勇气决定打电话给藤佐农场。他坐在长凳上,拨通了号码,眼睛则望着远处的盐滩。

"你好,我是TeaBee的杰克,请问黑川淳史先生在吗?"

"嗯,我就是。你好,最近公司发展顺利吗?"

"呃,那个,不太顺利。"

"怎么了?"

"那个,我有些坏消息要告诉你。杰弗逊供应商不再和我们合作了，17号以后我们就再也接不到抹茶的订单了。"

电话那边陷入了沉寂。"你还在听吗？"杰克问。

"嗯，听到了。"黑川淳史接着说道，"我只是不知道该说些什么，还有补救的机会吗？是因为质量问题吗？"

"不，是因为……"说到这儿，杰克感觉心都提到嗓子眼儿了，"是我们的错。我们把一个订单搞错了，然后他们就终止了合作。很抱歉，都是我们的错。"

"好的，我听明白了。那我们必须调整接下来一个月的计划了……其实，我们这里有一个很好的兼职伙计，刚刚还在聊要正式聘用他。"杰克听出了黑川淳史的失望，对方继续说，"但是……现在……没事，这是我和他的事。不过还是要谢谢你提前通知了我们，非常感谢。"黑川淳史的语气很平静，并没有一丝愤怒，而杰克却听出了对方的无奈。做小生意总有意外发生，TeaBee 也面临同样的问题。杰克想想，感觉都是自己造成了这一切。

"抱歉，哥们儿。"杰克除了道歉不知还能说什么。他绞尽脑汁地想安慰一下黑川淳史，但是脑子一片空白，只有不断表示歉意，"真的很抱歉。"

"没事，我也很抱歉。"黑川淳史叹了口气说，"那以后再说吧。"然后没等杰克回话就挂断了电话。

杰克又坐了一会儿，看到一只苍鹭落在水湾歇脚，蓝蓝的水中倒映着它那对洁白的翅膀。而这样的美景却不能让此刻的他舒服一点儿，一点儿都没有。

他决定了，他不能只关注产品，他要对公司其他事情多花些精力，他必须要理解公司运转过程中的所有事情，让后面的决策尽量万无一失。

第一次，他意识到TeaBee不是一个可有可无的公司，这里有和自己一起工作、一起奋斗、一起畅谈、一起策划的伙伴，当然还有那堆该死的问题。他的公司应该是一个生态系统，他不单单是个设计师，更应该是个好园丁。他要做好一个总裁该做的事情。

他站起来，握紧的双拳揣在帽衫兜里，快步走回了办公室。

关注截止时间

和藤佐农场打的那通电话燃起了杰克的信心。

一周很快就要过去了。汉娜还是要自己输入订单,发给客户前,她叫公司的前端工程师卡梅伦再帮她检查一遍。虽然比平常慢了很多,但他们不容许自己再失去任何供应商了。可是卡梅伦并不上心,他只是坐在汉娜旁边,装作认真核对那些数字。汉娜没想好怎么应对卡梅伦,她知道眼前这不是最大的问题,就先不管他了。

卡梅伦在汉娜的桌子上检查订单,手在电脑屏幕上比画着。汉娜走到杰克电脑前坐下,"大订单的优化这周可以上线吗?"

"可以可以,我们刚做完可用性测试,现在再改一点儿东西就好了。"

"精益求精很难啊!"汉娜嘀咕道。

"嗯?"杰克低头哼了一声。

汉娜说："没什么，快上线吧，我去买些啤酒来庆祝一下。"杰克很喜欢纽卡斯尔啤酒，虽然很贵，但是能让杰克开心汉娜也觉得是值得的。这件事情总算搞定了。

杰克支支吾吾地说："可是今晚我要参加天天面包举办的品鉴会。"

"你在开玩笑吧?!"

"抱歉，几个月之前就定好的事。"

汉娜把视线移到写有OKR的白板上，几周过去了，业绩几乎没怎么增长。看来白板上"招聘三个销售人员"这个任务要着手去做了，她转过身对杰克说："你自己去品鉴会吧，我要完成我的OKR，祝你好运！"

她匆忙回到工位准备处理招聘广告的事，但又停了下来，想着什么时候和杰克聊聊那天吉姆说的那些话，不过杰克最近看起来好像是有些不错的变化。

时间飞逝，这个季度马上就要结束了。

尴尬的关键结果

汉娜又把杰克叫到会议室，准备讨论一下他们的OKR。她再一次让埃里克先离开一下，而埃里克则在向他们炫耀自己的成果，因为他让主页的加载时间减少了 0.5 秒。但是杰克没有和他多说什么，很不友好地赶走了他。

汉娜把OKR的打印稿在桌面上铺开，拿出一支红笔圈出还没完成的地方，他们就这样看着打印稿慢慢变得满篇红。

"销售团队组建得怎么样了？"杰克问道。

"弗兰克不错，但是现在也只招到了他一个人，这个季度过了一半我才拿到招聘广告位。"

汉娜指着"50%的重复订购客户能自助完成重复订购"问："这个进度怎么样？"

"这个你知道的，我们上周上线了新的大订单交易系统。"杰克说。

"是的，我在哪个地方看到过这个数值？"她翻了翻文件,"嗯,目前是15%。"

"因为系统刚上线,我不能再因为系统的问题丢掉客户了,所以,我只把这个告诉了几家餐厅和其中一个供应商。"

汉娜长叹了一声。"这样做是对的,要是我们能早点儿上线就好了。"

她停顿了一下,整理好自己的思绪接着说:"你上周做的系统满意度调查有结果了吗?拿到大部分数据结果了吗?"

杰克一边咬着手指,一边拿出了一张彩色的调查表,"嗯,是的,应该够了。但是……调查结果是……好的很好,差的很差,这意味着……"

"意味着这个关键结果也没完成喽?"

"是的。"杰克有些懊恼,因为他很看重用户体验。

汉娜拿出了销售报表。"这个季度我一直关注这个数据。"她指着报表中"收入"一栏,"我们成交了几单,但是看起来还不够。本来比之前好了很多,我还以为这个季度的营业额目标能达成了。"她指着月末成交的两个订单继续说:"但是谁知道杰弗逊公司不继续合作了……"失去杰弗逊这个客户令他们感觉很不安。

他们继续盯着打印出来的OKR,杰克说:"所以,全军覆没?"

汉娜回应道："全军覆没，我们一个关键结果也没有完成。"醒目的红墨水让她感到疲惫与不安。

"太搞笑了，"汉娜自责地说，"我们为什么一个关键结果都没有完成？我知道我们定的OKR确实有点儿难，但是实际上我们都没用尽全力去完成它。"

汉娜一会儿觉得是因为自己不够努力，一会又觉得这一切都怪杰克。

"这个季度我们设计了新包装！"杰克回答说，"很多餐厅开始在我们网站上订购茶叶了，我们还针对大订单的录入做了优化，但是……"他的声音越来越低，"但是这些都不是我们之前的共识里应该要关注的事情。"他把双手插进连帽衫的口袋，低头看着面前的这些文件。看起来这个季度杰克对OKR一点儿贡献都没有。

汉娜紧咬嘴唇，站在那里看着他，然后，她转身大步走出了会议室，她必须离开那个房间，要不然后面会发生不愉快的事情。

杰克追上她低声说道："你不能就这么离开，我们需要把会开完。"这会儿所有人都在办公室。

汉娜的眼泪在眼眶里打转，但是她不能哭出来，要不然会更尴尬，只能强忍怒火说："还开什么会呢？很明显，我们什么都没做成！"

汉娜继续说："我妈妈总是说，'人在紧要关头想办法活着最重要，即使要做一些看起来错误的事情。'"汉娜知道杰克和她第一次带领一个公司，都容易过度忧虑。

"你专注产品设计以及确保产品的可用性，我出去跑销售，但实际上我们更应该把精力放在建立一个能完成这些事情的团队上。"她提高了嗓门，有些激动，"现在我们的报表没法支持我们再次融资，看来很难扭转这个局面了。"

突然，她注意到办公室变得很安静，空气中弥漫着尴尬和恐惧的气息。她走向前门，不想待在办公室。

杰克的手机在口袋里震动，他看了一眼，是吉姆。

"汉娜，等一下！"他喊道，然后拿起电话，"吉姆。"他指着电话向汉娜悄悄示意。

"杰克？我是吉姆，你们能来一趟星巴克吗？我和一个朋友在这里聊天，我觉得你们应该见一面。"

"马上过来，大概15分钟！"他轻快地说道。

汉娜瞪大眼睛。"这下好了，我没有准备好这次会谈，所有的OKR我们都没有完成。"她的声调再次升高。杰克脸颊通红，他很难堪，但是汉娜并没有降低她的声调，她太生气了。"那我们要告诉他什么？"

"OKR并没有什么用。我是说,并不是我们的问题,这是他自己的管理体系,我们照着做了,但是并没有什么效果。这只是另一个硅谷潮流而已。"

"杰克,你真的认为这是OKR本身的问题吗?"汉娜提出质疑。

"也不能这样说。它本应该是一个能够帮助我们好好梳理一下的系统,但是它一点儿作用也没起到。"

汉娜的声音降了下来,她的愤怒已经转为无语。"一定是我们哪个环节出了问题。"

她拿起外套和车钥匙大步走出去,杰克紧跟着她,办公室里的所有人都看着他们的创始人怒气冲冲地出了门。

一次说太多，就和什么都没说一样

开车到星巴克其实挺快的，汉娜忘了开音乐，半路才感觉车里太安静了。杰克背对着她，看着窗外。

汉娜将车停到了两辆货车之间的狭小空间里，杰克小心翼翼地从副驾驶位置上出来，今天他居然没有抱怨大货车。

快走到露台的时候，他们看到吉姆坐在一个不到 30 岁的黑发男子对面。这个男子瘫坐在椅子上，他一头短发，戴着一副飞行员墨镜，黑色 T 恤下的文身隐约可见。再走近一点，这件 T 恤是《神秘博士》主人公穿的那一款，文身是用 Perl 语言（一种计算机程序语言）写的 RSA 加密算法程序，全身上下都散发着极客气息。

汉娜很好奇，这是谁呢？另外一个投资者？他一旦看到他们的挫败，肯定不打算投资了。

吉姆朝桌子旁边的空位挥了挥手。"嗨，两位好啊！我可能给你们找到了合适的首席技术官。"

"坐下来慢慢聊。"这位极客笑着说。

汉娜一边坐下一边想,看来这不是复盘OKR,这时她才感觉稍微松了一口气。

吉姆介绍说:"这是拉斐尔,他刚刚离开S.O.S公司。"

"那个游戏公司吗?"杰克问道。

"是的。"拉斐尔回答说。

"恭喜啊,你们刚完成IPO(首次公开募股)。"杰克说道。

"还好。"拉斐尔笑了起来,感觉另有深意。

眼看拉斐尔不善言辞,吉姆赶紧打圆场:"在那之前,他曾在一家被谷歌收购的创业公司里工作。"

"那是人才收购，我其实是在Orkut①工作，所以……"他耸耸肩。Orkut是谷歌在社交网络这个领域吃的第一只螃蟹，在里边工作还是很值得骄傲的。

"那你为什么没有去度假？"杰克问道。

"我还没有大成就，继续创业也挺好的，虽然之前还说得过去，但是我还想继续创业。"

汉娜看了看杰克。杰克端坐着，听得很认真。

拉斐尔继续说："我已经注意到高端咖啡店售卖的原产咖啡，咖啡种植者以一个更好的价格直接卖给烘焙者，这样也提高了那些咖啡原产国的人的收入水平。为什么不能把这种理念也用于其他市场呢？"

他停顿了一下，端起杯子喝了一口，继续说："吉姆已经跟我说了你们的事情，我觉得我们能开启一个新篇章。"

杰克一改他的低迷状态，"没错……不用低价购买茶叶，也不用把好坏茶叶混在一起，我们有其他办法提供更好的茶叶！"

拉斐尔歪着头问："这件事对你来说为什么这么重要？"

---

① Orkut是谷歌公司推出的社交网络服务。通过这一服务，用户可以在互联网上建立一个虚拟社会关系网。——译者注

"我关注产品质量,"杰克说,"我不能容忍劣质的东西。我妈妈喜欢便宜货,只要有东西在打折她就会买。我有20条牛仔裤,却一条都没有在出门时穿过,但是我的那条501[①],我每天都穿。如果你体会过质量过硬、设计优良的东西,你就知道其中的差别了。我们在星巴克就能体会到这种感觉。"

汉娜从来没有想过杰克为什么会是这样一个完美主义者,她觉得这是设计师的怪癖。现在她意识到杰克也有使命感,不过和她自己的不一样。也许她可以让拉斐尔加入,这样她就有一个理智的搭档了。

她要让拉斐尔看到她的热情,她对拉斐尔说:"我们能够改变很多人的生活。你看,若松农场是由加利福尼亚州第一个日本移民创立的,现在已经成为一个景点了,他们又开始重新种植茶叶。我们可以把他们的茶叶卖给餐厅,帮他们筹集资金去回收自己的土地。今天早上我和夏威夷一家茶农闲谈,他们很乐意将他们的茶叶带给更多的人。如果我们成功的话,我们就能成就很多人!"

"我正是这样想的!"拉斐尔激动地用拳头敲着桌子,桌子上的纸杯都摇晃了一下。"我们对产品要有高标准,我们要

[①] 501是美国著名牛仔裤品牌李维斯的首条牛仔裤型号,也是其经典系列。——编者注

让世界变得更好，我们要改变一个行业！"

汉娜非常激动，但是，她也觉得自己隐瞒了一些事，不提OKR的进展就让人家跳入这个"坑"太不厚道了，吉姆应该也知道这个道理。与其等他问，还不如自己主动提出来。她将手放到桌子下面，转动手中的戒指，她感到坐立不安。

但她还是开口了："有件事情需要和你交代，我们也一起讨论一下。上季度我们设定了几个关键性的目标，但是一个都没达到。"

杰克瞟了她一眼，感觉像是她背叛了团队一样。就算是这样，汉娜也不能让拉斐尔带着风险加入公司。

"我们设定了5个目标，一个是证明市场价值方面的，一个和电商系统有关系，一个是关于销售⋯⋯"她说不下去了，因为她不记得其他两个是什么了。她看了看杰克，杰克耸耸肩。好吧，反正事已至此，"围绕这些目标，我们列出了非常有挑战的关键结果，但是一个也没有完成。"她长舒一口气，环视了一下大家，又对拉斐尔说道："你可以三思一下再决定要不要加入我们。"

出乎意料的是，拉斐尔一如既往地欢快地答复道："你们把OKR用错了。我前两份工作都在实践OKR，很受用。但是，你们居然设定了5个目标，连自己都记不全，你的团队怎么可能完全记住？当年帮助克林顿赢得总统竞选，让詹姆斯·卡维尔[①]最头疼的事情就是避免克林顿的政策演讲变得死板。每次克林顿上台的时候都想大谈教育、外交、能源等，恨不得把所有事情都说一遍。卡维尔说：'一次说太多，就和什么都没说一样。'你也知道最后克林顿把重点只放在经济政策上的效果，OKR也应该这样。何况你们设定了那么多目标，每周的盘点会议都会无休无止！"

"每周的盘点会议？"杰克表示困惑，"我们之前开会都很随意的，希望大家畅所欲言。"

拉斐尔摇了摇头，说："我知道，但是你们不能指望目标设定好之后顺其自然地就能完成，团队要齐心协力地不断往前推进。这就需要盘点，就像我们在敏捷开发上做的每日例会和周计划一样。如果你们有一个框架来指导每周的会议，那么这个会议才能发挥实际意义。"他拿起一张餐巾纸，摊开放在桌上，纸上的折痕将它分成了四部分。

他从电脑包里拿出了一支记号笔，在纸巾的右上角写上"目标"，紧跟着写上三个"关键结果"，然后他又在每个关键结果后面写上了"5/10"。

[①] 1992年美国总统竞选期间，詹姆斯·卡维尔任克林顿的政治战略顾问、竞选高级助手。——译者注

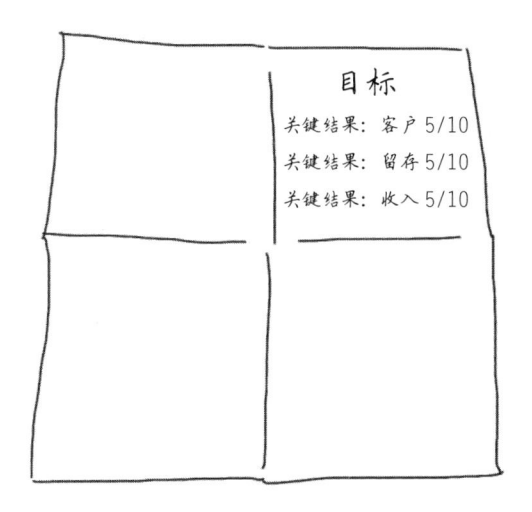

```
┌─────────────┬─────────────┐
│             │    目标     │
│             │关键结果：客户 5/10│
│             │关键结果：留存 5/10│
│             │关键结果：收入 5/10│
│             │             │
├─────────────┼─────────────┤
│             │             │
│             │             │
└─────────────┴─────────────┘
```

"你看，这个就是这个季度预设的目标，下面是对应的关键结果。但即使这么简单，团队还是容易忘记，因为团队看起来需要做的事情实在太多了，因此让团队每周盘点一下它们，然后扪心自问，我们距离完成这些指标是更近还是更远了呢？在S.O.S公司，每个关键结果都会设定一个信心指数，在每季度初，每个关键结果都从5/10开始执行。"

"50%的信心？一半一半的概率去完成它？"汉娜问道。

"没错，目标哪里有什么一般目标和可挑战目标，它们都是可挑战目标，一定要有挑战才行。不是不可能完成，而是要有点难度。不可能完成的目标会令人沮丧，有难度的目标才是振奋人心的。"拉斐尔环顾了一下大家，汉娜身子前倾，杰克则退回去了，和一开始正好相反。拉斐尔继续说道："因此，每周我们都要开会，问问自己到底是进步了还是倒退了？如果从 8/10 降到了 2/10，你得知道是为什么，是什么发生了变化，这会有助于我们及时跟进和反思调整。"

杰克说："这不现实啊，我们有很多事情都需要跟进，不可能不管其他事情啊。"

汉娜说："这一点，我同意杰克的意见。我们每件事情都得关注。"

拉斐尔摇了摇头。他把笔移动到那张纸巾的右下方，写下了"状态指标"。

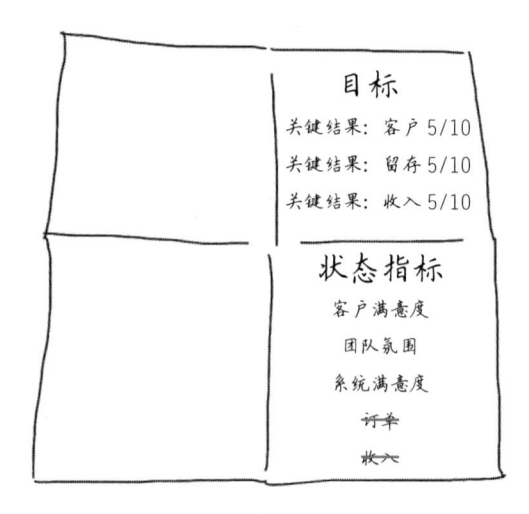

```
|              | 目标                    |
|              | 关键结果：客户 5/10     |
|              | 关键结果：留存 5/10     |
|              | 关键结果：收入 5/10     |
|              | 状态指标                |
|              | 客户满意度              |
|              | 团队氛围                |
|              | 系统满意度              |
|              | 评单                    |
|              | 收入                    |
```

他指着OKR说："你们看，在右下方这里，我们放上一些状态指标，我们推进OKR的时候也要关注这些事情，它们是完成OKR的保障。"

汉娜和杰克对视了一眼，两个人满脸困惑，拉斐尔深吸了一口气。

"我来给你们解释一下，我们就拿销售增长的目标来举例。我们想方设法找尽可能多的供应商和分销商与我们合作，对吧？"

他们一致点头。

"嗯，我们不会为了急于发展新的客户而忽略掉我们现有的客户，所以我们可以这样做。"

他边说边在右下角写道："'客户满意度：绿色'。这样，我们每周都会讨论我们的顾客是否仍然满意，很多东西都可以写在这里。"

他把团队氛围、系统满意度、订单、收入都列入其中。"OKR就是要聚焦，这里的列表也是，我们每个星期选择一两个在整个公司范围内进行讨论，剩下的偶尔盘点一下就行。"

"客户满意度是必需的，"杰克说，"系统满意度也是吧？我们不想要糟糕的系统。"

拉斐尔表示同意："系统做得不好是很容易出问题的。"

"这个我不认同，"汉娜插话道，"系统是系统，但我们更倾向于一家客户关系型公司，而非技术驱动型公司。再说个实际问题，我也希望目标都是围绕销售展开的，但是团队氛围、更高的利润率，这些都很重要。"

拉斐尔回答说："OKR是用来推进事情的，我们先集中精力聚焦到一件事情上，才不至于浅尝辄止。这些状态指标也很重要，我们持续关注就行，如果所有事情都一样重要那就没有意义了。"

"客户满意度和团队氛围也当作目标怎么样？"杰克问道，"我可不想让团队没信心了。"

汉娜跟着说："我并不介意大家多工作一点。"

拉斐尔回答说："多做事情不一定有用，只需要让大家在正确的事情上下功夫就好，我们先想办法解决怎么找到更多客户，客户满意度以及团队氛围先放一放。我们现在设定好了目标，也知道应该重点关注什么了。"

他将笔又移到纸巾的左上角，并写下三个"P1"（P即plan）和两个"P2"。

"这里，写上这周要做的3~5件重要的事情，这些事情能有效推进实现OKR。因为这些都要和团队共享，所以要认真

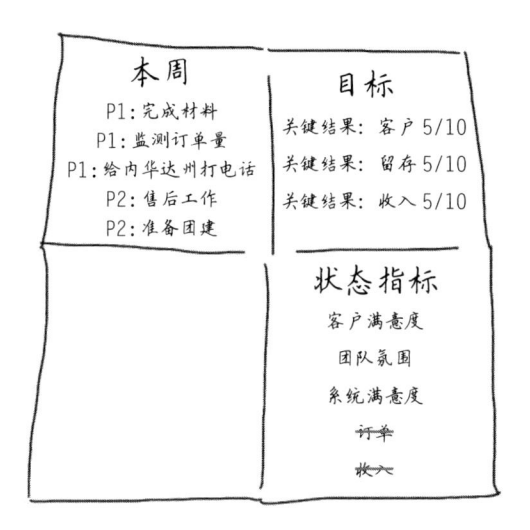

```
本周                    目标
P1：完成材料           关键结果：客户 5/10
P1：监测订单量         关键结果：留存 5/10
P1：给内华达州打电话   关键结果：收入 5/10
P2：售后工作
P2：准备团建

                      状态指标
                       客户满意度
                       团队氛围
                       系统满意度
                        订单
                        收入
```

思考我们是否把时间花费在对OKR有用的事情上。"拉斐尔边说边对汉娜点头示意。

"嘿，我一周可不只做三件事。"杰克抱怨道。

"这可不是比谁工作最忙碌，"拉斐尔回答说，"你不用把自己所做的事情都列出来，你只需要列出为了达成目标而必须去做的那些事情。每天当然有很多事情要处理，但是一定不要忘记哪些是重要的。"

"对对对，那最后一个格子里是什么？"汉娜指着纸巾左下角问道，她感到醍醐灌顶、茅塞顿开。

"我称之为'推进计划'，这里罗列出后面4周计划推进

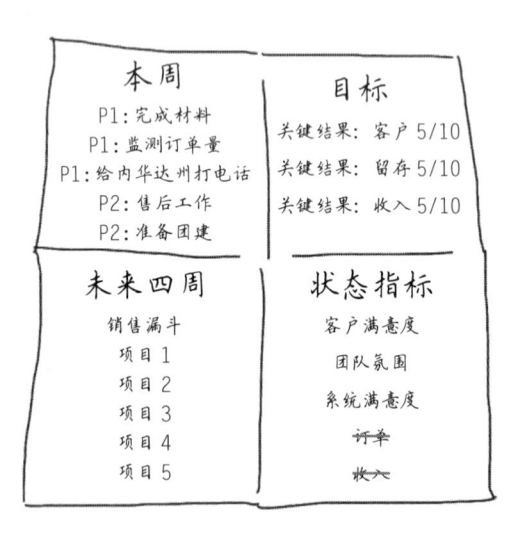

```
┌─────────────────┬─────────────────┐
│     本周        │     目标        │
│ P1:完成材料     │ 关键结果:客户 5/10 │
│ P1:监测订单量   │ 关键结果:留存 5/10 │
│ P1:给内华达州打电话│ 关键结果:收入 5/10 │
│ P2:售后工作     │                 │
│ P2:准备团建     │                 │
├─────────────────┼─────────────────┤
│   未来四周      │   状态指标      │
│   销售漏斗      │   客户满意度    │
│   项目 1        │   团队氛围      │
│   项目 2        │   系统满意度    │
│   项目 3        │   订单          │
│   项目 4        │   收入          │
│   项目 5        │                 │
└─────────────────┴─────────────────┘
```

的重要事情。这样，当一些事情需要协作完成的时候，市场、研发、销售以及其他部门不会被弄得措手不及。"

"所以我们每周都要过一次吗？"汉娜问道。

"是的。"

"我们每一个点都要讨论吗？那我需要召集那些和目标不相关的同事一起讨论吗？"

"那就看你了。"

"我想这可能会有效果。"她沉思着，咬了咬嘴唇，"我真的认为这样做应该会有效果的。"

他们原计划让拉斐尔在周一的时候作为临时首席技术官

加入他们，这样他可以在公司体验一下，与此同时他们也可以考验一下他。但汉娜现在认为已经没问题了，对他们来说，拉斐尔是位完美的技术合伙人，她感到不再那么孤单了。

团队成员共同讨论制定OKR

周末,拉斐尔约了汉娜和杰克在帕洛阿尔托咖啡店会面。因为时间尚早,这家小咖啡店几乎没什么人,除了他们几个人,还有一位父亲,他正看着蹒跚学步的孩子在二手实木桌上爬行。然而星巴克和菲滋[①]的顾客已排到门外,陆续有上班的人光顾那里。

汉娜和杰克是这家咖啡店的忠实顾客,因为这里是市里少数真正重视茶的咖啡店之一,他们也是TeaBee的第一个客户。这里10点之前都很安静,后面陆陆续续会来一些客人在这里进行家庭聚会,还有些退休的人会过来玩骰子,也会有人在这里看一天书。这里还为创业者、投资人沟通融资提供免费服务。

这个全新管理团队开始了他们的工作计划。

[①] 菲滋(Philz)咖啡,美国著名咖啡品牌,红爆旧金山和硅谷地区。——译者注

"团队会议开始前我们要介绍一下拉斐吗？"杰克居然无意间给拉斐尔起了个简称。

汉娜说："当然，要不然大家都会觉得莫名其妙。"

"嗯，大家肯定没想到，你最好晚上就发个邮件提前通知大家。"拉斐尔对汉娜说。

杰克皱起眉头看着汉娜说："那埃里克怎么办？"

汉娜朝着拉斐尔扬了一下下巴："一起商量一下吧。"

杰克思考了一会儿，说出了他们的心事，"拉斐尔，我们团队里有一个人，嗯……他可能正在把系统弄得异常复杂，后面的人很难接手他的工作。"

"那就解雇他。"拉斐尔回答道。

"可是……我们在想……你现在是首席技术官,你可以看看情况,如果可以就解雇他。"

"这样不好,你招来的还是你解雇好一些,以后该我处理的任何事情我都会处理。"

"但是,你不担心后面的事情会很难接手吗?"

"这个系统并不复杂,如果有需要,我重新编写程序就是了。就像老话所说,不能让一颗老鼠屎坏了整锅粥。你必须解雇他,最好明天之前解雇他,然后让他走人。一旦他按照你的要求离开了,不要再让他碰他在公司使用的电脑。"

汉娜看着杰克说:"怎么样?你是产品的负责人。"

杰克看着汉娜说:"你还是首席执行官呢。"

汉娜停了一下,然后抿了一口美味的茶,她想到了她的母亲和祖父母,也想到了藤佐和其他茶叶商。然后汉娜说:"好吧,让埃里克走吧!"她望向杰克又停顿了一下,说:"如果公司还没有起色,下一个走的就是你。"

杰克不确定她是不是真的在开玩笑。

周一早上 8 点,拉斐尔来到公司,开始了他上班的第一天,这时汉娜正坐在办公桌前打字。汉娜向拉斐尔示意了一下,然后继续工作。很快她闻到咖啡味,微微一笑,看来拉斐尔已经发现了卡梅伦藏在冰箱里的咖啡。

到了10点,埃里克大步走进办公室,办公室的人都到齐了。汉娜停下手上的工作,她知道好戏要开始了。拉斐尔的工位就在汉娜旁边,汉娜向他点头示意,他们起身一起走向技术部,她要把拉斐尔介绍给他们的新团队。

"这是咖啡的味道吗?"埃里克用指责的语气问道。

"不是每个人都是以茶开始他们一天的工作的。"拉斐尔微笑着说。

"哈哈,是的,咖啡也不错。"卡梅伦答道。

埃里克皱了皱眉,本来他要说其他更重要的事情的:"知道你们喜欢时髦的东西,但我想说茶一点儿都不简单。我们已经启动了自己的订单管理系统,但实际上不稳定的订货量还是会让我们很头痛,因此我写了一个算法预测订货量。"

拉斐尔说:"听上去很不错。"

"你对算法设计很熟悉吗?"

"还行,我在前两家公司都是做搜索算法的。"

汉娜打断了埃里克的询问,"埃里克,我能在开会之前跟你在会议室开个小会吗?"

"嗯,可是我想先搞定几件事。"

"不行,先开会。"汉娜坚持道。

埃里克无奈地耸耸肩，然后去拿他的电脑，汉娜把手轻轻放在电脑上说："我们不需要电脑。"

埃里克翻了个白眼，一副无所谓的表情，跟着汉娜走进了会议室。

汉娜坐了下来，示意埃里克也坐下，但埃里克仍然站着。"埃里克，我们知道你一直都在写程序，但是对于有些事情我们并不能认同。"

汉娜等着埃里克的回答，但他只是把手插进牛仔裤口袋里，汉娜心里默数着1、2、3……并努力保持沉默。埃里克张了张嘴，欲言又止。

"你们现在做的事情我也很不认同，这已经不是我当初加入的公司了！"埃里克咆哮道。

汉娜开始准备和他说后面的事情了，但在她开口前，埃里克继续说道："你们当我们是在玩游戏吗？这到底算什么？为IPO做准备吗？你们把我们招来就是为了下一轮融资吗？你们真正关心农民吗？你们真正关心员工吗？"

汉娜被他的话吓到了，他究竟在说什么？股份变现还要好久，就算是IPO也早着呢。

"埃里克，我们很早就说过要招一个首席技术官……"

"公司到底想要变成什么样？除非我们重新聚焦到餐厅的

第二章　讨论关键结果，复盘OKR实施过程中的问题

业务上，否则我离职。"

埃里克像块石头站在那儿，他想激怒汉娜跟他争论，并乞求他留在公司。

汉娜看着埃里克，眼前的埃里克仿佛是一个令人非常讨厌的怪物。当埃里克肩膀微微下沉时，汉娜回答道："埃里克，你也许没有弄清楚我的意思，你被解雇了。"

当汉娜和埃里克走出会议室时，杰克和拉斐尔正等着他们出来。他们在会议室时，拉斐尔已经把埃里克的东西整理好，埃里克走过来时便递给了他。

埃里克惊讶地说："嘿，我能把我电脑上的私人资料下载下来吗？"

拉斐尔向杰克轻轻摇头示意。杰克咳嗽了一下，似乎想把喉咙中的不安咳出来，然后对埃里克说："不好意思，毕竟你是以这种方式离开的，我们不能同意。"

埃里克走近瘦弱的拉斐尔说："知道吗，你真的是个浑蛋！"

"也许吧，但这只是个开始。"拉斐尔耸耸肩回答道。

埃里克最后瞥了一眼桌上的电脑，然后缓缓走向门外，汉娜跟着他出去了。

拉斐尔对杰克说："我们要修改一下电脑的登录密码。"

杰克一动不动地站着，仿佛依旧沉浸在混乱的现实中，

"虽然很难，但她还是做到了。"

"汉娜是公司的首席执行官，而埃里克却是公司的隐患。我们公司刚成立且不稳定，不能让这样的人留下。"

"我明白，我只是在想……"

拉斐尔转向杰克认真地看着他，杰克接着说："我不打算做总裁了，我们不需要总裁，我们需要产品总监，我真正关心的是确保我们有高质量的产品。"他停顿了一下继续说道，"TeaBee 真的需要总裁吗？事实上，我花了太多不必要的时间处理员工关系，却没有把精力放在真正重要的问题上。我不知道我以后是否能做好首席产品官或是产品副总裁，或是其他头衔的产品高管。"

拉斐尔往后靠在桌子上："谁也不知道我们能做成什么样，所以才说'不断试错'，你难道以为我更喜欢在电脑前写代码吗？"拉斐尔盯着他的鞋子看了一会儿，然后看着杰克说："有方向了就聚焦在你的目标上，相信OKR能帮你克服以前的旧习惯。我非常热爱OKR，因为当我感觉自己要陷入舒适区时，OKR就能让我时刻记得自己的目标。哥们儿，我们能做好的！"

杰克长长地舒了口气，他很高兴发现了一个认可自己的人。

拉斐尔从桌上拿起一个订书机，一边摆弄订书机，一边笑着说："我们要相互承担起责任，一起对团队和目标负责，拼一把。"他示意性地在空气中摁了几下订书机，杰克也笑了。

看到汉娜走进来，杰克问："怎么样？"

"他走了，这件事到此为止吧，我希望这件事尽快过去。"

他们走进会议室，大家已经等待很久了。

会议开始前，杰克开始介绍拉斐尔："大家好，如果你们查看了昨晚的邮件，就知道这是拉斐尔，他即将成为我们临时的首席技术官，他也会根据公司的发展情况考虑是否正式加入。"直子和卡梅伦露出礼貌的微笑，其他人则埋头在电脑

前做自己的事，杰克仿佛对着一群木头人说话。

于是汉娜站起来说："除了拉斐尔的加入，我们还会做出其他改变。首先，请大家合上电脑，认真听后面的内容。"说完汉娜看着大家。

除了谢丽尔，所有人都合上了电脑，谢丽尔抬起手指说："我正在解决一个产品缺陷。"

"会议结束产品缺陷也解决不完，不差这点儿时间！"谢丽尔只好合上电脑，此时会议室一片安静。

汉娜从上个季度的 OKR 说起，开始了此次会议。

"上个季度所有的 OKR 我们都没有完成。"

会议室一阵骚乱，大家纷纷说出没有完成的理由。

谢丽尔说："网站性能上出了些问题！"

"因为订单有误，洛斯加托斯的配送延迟了。"卡梅伦赶紧说道。

安雅说："我认为我们的市场定位不准确。"

"我们只招到一名销售人员。"直子补充道。

"这些都不是问题。"汉娜打断了他们，会议室顿时安静下来。

"我的意思是，虽然有问题，但是会越来越好。"她向拉斐尔点了一下头，希望得到支持，"我们问过很多公司，似乎很多公司第一次执行OKR时都会失败,我们也许还要一个季度的时间来适应OKR。"

谢丽尔说:"我们有精力做OKR吗?我们公司太小了,不适合做这种大公司做的事情吧?"

汉娜早就准备好回答这个问题了:"谷歌成立一年就开始实施OKR了,卓有成效;很多小公司因为OKR发展成了大公司。我们不一定完成OKR,但是我们要感谢OKR呈现出我们要关注的问题。"

会议室一片寂静。汉娜继续说道:"所以这个季度我们要做些改变,第一,我们只确定一个公司层面的目标。无论成败与否,我们需要聚焦在这一件事情上,即提升我们和供应商之间的关系。"

汉娜环视了一眼在场的同事,几乎所有人都一脸茫然,只有拉斐尔笑着鼓励她继续。

"第二,我们会根据公司的目标给每个部门制定出关键结果。第三,我们给每个关键结果附加一个信心指数。一开始我们假设有50%的把握实现这个结果,毕竟这些目标都是有挑战性的。最重要的是,在每周的例会上,我们都要盘点我们的OKR,看看我们为实现OKR做了哪些事情。"

大家看上去还是有些严肃,谢丽尔和卡梅伦等人坐在椅子上身体前倾，认真地听汉娜说着。"我们将在每周的例会上运用这个新方法，分享团队任务的优先级以及信心指数的变化。这不只是简单的汇报，更是帮助我们实现目标并且不脱离轨道的方式。"

汉娜在白板上画了一个矩形。"从现在开始，我们将用这种新方法。每周用不到10分钟的时间来更新这个图表，当然，第一周花的时间会多一些，但是以后稍微调整一下就可以了。"

"我们在矩形的右上方列出目标和关键结果，后面再标出信心指数。我们拿上个季度的价值目标为例。"

她写道：

- **目标：** 向餐厅供应商证明我们所提供的优质茶叶的价值。

关键结果1： 客户重复订购率达到85%。（5/10）

关键结果2： 20%的重复订购客户能自助完成重复订购。（5/10）

关键结果3： 完成25万美元的交易额。（5/10）

汉娜继续说道:"请大家注意,我们起初的信心指数都是50%,因为我希望每个关键结果足够有挑战,但的确有希望实现它。如果我们能完成2/3,说明我们努力过了,这个指数我每周都会更新。接下来拉斐尔会负责技术,杰克会负责产品和设计,弗兰克负责销售,直子负责财务。"

"这个信心指数每周都会变化,我希望大家能踊跃参与讨论每周发生了什么,我们就按照这张表上的内容展开会议讨论。"

这时杰克上前站在了白板的左侧,"在矩形的左上方,我们要列出为了完成本周目标要做的最重要的几件事,最多4件,顺便标上优先级,P1是必须做的,P2是应该做的,不需要做的不列。"

他写道:

> P1:和TLM Foods公司签订合约。
>
> P1:完成订单系统的需求文档。
>
> P1:三个销售候选人的面试。
>
> P2:完成客服的岗位描述。

杰克说："也许你们偶尔想添加一些你们希望被关注的事情作为P2，但是大家要知道，我们的目的不是事无巨细地安排事情，而是让大家知道目前公司关注哪些重要的事情，至少应该是值得关注的事情。我们知道大家都在努力工作，我们要确保重要的事情执行到位。"

然后杰克继续填写矩形的左下方。

"在左下方列出我们后续计划要做的重要工作，这个模块是为了保证我们都在同一个频道上，方便后续的跨部门协作，比如说提前买好服务器或者准备好市场开发。"

最后，汉娜指向右下方："这里将填上我们的状态指标。接下来我们将会遇到很多挑战和问题，所以我们要确保所有人一直有良好的状态，不要精疲力竭或者哪个环节掉链子。所以，大家觉得我们第二条状态指标应该是什么？"

接下来大家就他们认为应该重点跟进的事情展开了积极的讨论，比如系统满意度和客户满意度等，最后达成了一致，即餐厅供应商的满意度，这将保证每个人都聚焦在新客户上。

"我们将把它们标记成红色、黄色或绿色。我知道这样有些不精确，但我们想让大家知道我们做得如何以及如何做得更好。举个例子，就客户满意度而言，红色代表我们正在失去客户，黄色代表我们觉得和客户的关系很危险了。"汉娜停了下来，感觉有点儿紧张，不知道接下来要说什么，便问道，"我们现在应该把'团队氛围'标记成什么颜色呢？"

"黄色。"卡梅伦说。杰克和汉娜转向这个一向平易近人的工程师，卡梅伦继续说："当你们在外面销售时，都是我接电话。谢丽尔不喜欢接电话，埃里克总是戴着耳机。供应商经常问我怎样在网站上操作，我想他们并不喜欢我们的网站。"

杰克沮丧地做了个鬼脸，因为关注用户体验是他负责的事："嗯，我知道，我们本季度会处理好这个问题。"

"由于这些变化，那团队氛围标记为红色？"杰克尝试补充道。

"黄色，"谢丽尔说，"埃里克没有他自己想的那么重要，我们看看首席技术官怎么样再说颜色的事情吧。"说完她笑了，大家意识到她是在开玩笑后也笑了。

汉娜终于松了口气，一向沉默寡言的谢丽尔都在开玩笑，说明大家也许都会试着去执行OKR。"好吧，接下来我们来制定这个季度的OKR！"

卡梅伦皱了皱眉头说道："难道不是你把制定好的OKR给我们吗？就像上个季度那样？"

"不，"汉娜回答道，"问你个愚蠢的问题吧，我们要换掉这个会议桌吗？"

"当然不换。"卡梅伦回答。

"为什么不？"汉娜问道，"这个桌子不稳，而且如果我们再招两个销售人员，这张桌子就不够用了。"

"我们不能丢掉它！我还记得我们第一次搬到办公室的时候，我和杰克花了三个小时才搞清楚这个桌子的所有零部件，费了好大劲儿才装好它。"

"正如你所说，团队一起努力才有意义，所以我们要一起制定目标，一起帮团队找出关键结果，这才是真正的OKR。这是我们大家的公司，我们共进退！"

接下来他们开始制定新的OKR并排列好优先级。

RADICAL
FOCUS

第三章
评估OKR实施成果

RADICAL

FOCUS

改进OKR后的可喜变化

"演示要开始了！"拉斐尔喊道。工程师们站起来把笔记本电脑连接到大屏幕上，把椅子拉到了屏幕旁边。

"大家一起来！"他大声喊道，"快过来啊，销售部的兄弟们。"他还没有记住每个人的名字。"汉娜，放下你手里的报表，加入我们的啤酒派对吧！"

汉娜几乎已经忘了演示的事儿了。拉斐尔提醒过她,在接下来的 4 周他会安排每周五的办公室活动。他打算先给大家演示一下工程师上周所做的工作。汉娜伸了个懒腰,想到自己还没怎么开展工作,叹了口气,然后慢慢走到团队的后面。以往每周五要下班的时候,创始人却仍旧在工作,员工们只能一个接一个难为情地下班离开公司。一周就这样悄无声息地结束了,今天会有什么不同吗?

工程师们分享了他们编写的系统代码,演示了新餐厅供应商支持的界面。原本沉默寡言的谢丽尔分享了允许供应商追加订货重构之后的 API(应用程序编程接口)。汉娜松了一口气,大家的工作都在朝着他们真正的目标推进!

当汉娜以为分享要结束了的时候,杰克跳了起来,他指了指安雅,示意她加入进来。"我们有一些关于餐厅供应商信息页面的新想法和大家分享。"

汉娜兴奋地看着他们的调侃,他们在共同目标上已经有了很多进展。汉娜整天都在想杰克和安雅这一天都做了什么,看到各个阶段完整的设计使她意识到了这件事情的复杂性。事实上,汉娜觉得研发部和产品部调整得都很好,正因为这样,她每天都想知道他们的成果。

当他们正在讨论新设计时,汉娜挪到了人群的前面。

"这太棒了，我知道一定还有更多的事情要分享。怎么样，弗兰克，有没有新的销售订单？"

"有的，一家叫塔斯德克的公司正准备签约。"

汉娜一反常态地大声笑道："你看，我永远知道的比他们晚！签下这家公司就说明我们已经打入中西部地区了，可喜可贺啊！"

杰克插了一句："汉娜？你都在忙些什么？"

汉娜摇了摇头，只有杰克敢这样挑衅她。

"我找到了一个能兼职做客户服务的人，她的名字叫卡萝尔·伦德格伦，她创建了E-Pen公司的客户服务团队。因为她的孩子现在在读学前班，所以她希望找一个工作时间更加灵活的工作。我们完全可以把她挖过来！"所有人不由自主地鼓起了掌。

TeaBee团队继续喝啤酒和分享本周的故事。当汉娜发现自己还未彻底搞明白的时候，他们的工作已经取得了快速进展。更重要的是，办公室的气氛变了。很难相信一个月前他们还在闷闷不乐，还在感到无能为力。

杰克走到汉娜的工位边，并坐在她旁边，这个距离使得他即使是轻声细语也不会被忽略。

"我解雇了安雅，今天是她最后一天上班。"

"什么？她的设计看起来很棒啊！"

"那个做得是不错，但是考虑到她的工作内容不是P1需要的，这对OKR毫无帮助。后面设计有需要调整的地方，我都可以接手。"

汉娜看着茶叶沉到杯子底部，她皱了皱眉，感觉好像看到一个绞刑架。

"嗨，不用多虑。设计师是硅谷最炙手可热的职业，她已经找到另外一份工作了。我们还是把精力放在营收上，要不然还会有人要另找工作。"

汉娜轻声笑了笑："这正是我想说的。"

团队把周五的例会固化成了日常工作的一部分。每个周一，他们一起商量计划，相互承担责任。他们每天都在进行着复杂的沟通，任何一个初创公司都是如此。每到周五，他们就会一起庆祝。

周五的"胜利会议"（他们开始这样称呼它了）给了每个人继续尝试的希望，这是一种令人难以置信的激励。每个人都想要取得一个小胜利来和大家分享，于是他们会努力工作一周去追寻。整个团队开始觉得，他们也许会创造奇迹。

季度末成果盘点

一个季度过后,团队进行了一次不同以往的工作成果盘点,他们完成了每一个关键结果。团队中的每个人都欢欣鼓舞、兴奋不已。

但拉斐尔给他们浇了一盆冷水。"嘿,伙计们,这个结果并不是很好,我们是在隐藏实力吗?"

"隐藏实力？"杰克问道。

"我们设定目标，是要真正有挑战的目标，而不是感觉自我良好就够了！"

所有人陷入了沉默。汉娜紧咬牙关，她在想怎么才能让团队重新打起精神来。杰克说道："接下来，我们必须要设定适当难度的目标。周五我们继续在这里开胜利会议，我们可以通杀一切！"听到这个严肃的英国人竟然使用了硅谷俚语，每个人都笑了起来。于是大家开始继续深入讨论，并设定了更有挑战的目标。

半年末成果盘点

季度末,所有人再次聚集起来复盘他们的季度目标。正如汉娜预料的那样,会议室的桌子现在显得太小了。卡萝尔和她的客户服务团队一起坐在销售团队后面不远处靠墙的座位上。曼迪是客户服务团队的最新成员,她与弗兰克在办公室毫无顾忌地调情,但汉娜并没有放在心上。

这次他们完成了两个关键结果。这两个关键结果对公司非常重要,汉娜曾经质疑团队是否真的可以完成它。

当杰克带领团队制定完下个季度的目标后,他几乎手舞足蹈起来,现在公司所有的复购订单都是客户在网站上完成的,因此TeaBee总算在这个业务上做到了行业领先。

同时,拉斐尔飞到阿根廷与当地农民进行了交流,供应商现在在网站上也可以直接订购来自南美的巴拉圭茶了。萨拉是他们的新营销主管,她正在策划一个巴拉圭茶热潮的营销方案。

但是还是有些不好的状况发生了,虽然产品趋于稳定,但是工程师谢丽尔觉得现在工作成就感没那么多了,所以她提出了辞职。临走之前她由衷地说,每周五的庆祝会议,加上拉斐尔不知疲倦地对公司目标的提醒,使研发团队成长得很快。她最后说,TeaBee的工作氛围很好,它已成为世界茶叶种植者的福地。

一年后成果盘点

汉娜坐在她的办公桌前盯着邮件。终于完成了，他们完成了A轮融资，准备了一年，终于有人给他们投资了！她在椅子上旋转着，看着她的伙伴们。

杰克和拉斐尔弯着腰坐在监视器前，拉斐尔用手指着屏幕。"别弄脏了！"杰克骂骂咧咧道，他们笑了起来。

汉娜舒了口气，一切都变得容易了。每个星期，他们一起分享自己的目标；每个星期，他们都相互鼓励、相互扶持；每个星期，他们的业绩都在上升。她看着销售人员对着客户报表讨论，轻松愉快地交换意见，即使有分歧也更容易解决了。

汉娜坐回到她的椅子上，端起她刚泡好的龙井茶，她决定先保密。明天就是周五胜利会议的日子了，终于有最值得吹嘘的好消息了。

RADICAL

FOCUS

第四章

影响目标达成的关键因素

RADICAL

FOCUS

无法达成目标的 5 个关键因素

每个人都有一些想做的事情，也许是去泰国旅行，也许是重回学校进修。但是年复一年，只是想想而已，并未实现。每一位首席执行官或管理者也为公司做规划，诸如进入新市场、解决人员流动问题、提升某个弱势领域（如设计或客户服务）的能力等。但是即使在最成功的公司，这些已经决定的事情也可能完成不了。为什么会这样？如果它很重要，那为什么没有完成呢？我总结了 5 个关键因素。

因素 1：没有给目标设置优先级

有句老话说："如果所有事情都同等重要，就意味着它们也同等不重要。"我们常常会有很多目标，这些目标看起来都很重要，都有必要去实现。但如果要求你必须把这些目标定个等级，你可能会把它们按照重要性排序。一旦你把它们排好序，然后一次选择做一件事，那么目标完成的概率将大得多。

公司目标管理也会有类似情况。公司拥有很多员工，所以很容易认为可以同时推进更多目标。但现实是，运营一家公司本身就有众多日常事务，每天员工都有常规的工作内容：处理订单、搞定客户、留意设备运行状况等。要求员工在做好常规的事情之外，再完成好几个目标，几乎是不可能的。

设定一个单一的目标，用三个关键结果来衡量它，这样尽管其他事情会让你分心，但你依然可以聚焦在重要的事情上，并可能获得不错的成果。

因素2：缺乏充分沟通，导致没能准确理解目标

> 当你说得不想再说了，人们就开始听进去了。
>
> ——领英首席执行官　杰夫·韦纳

如果希望团队能聚焦在重要的事情上，你就必须每天和团队不停地沟通目标。但仅仅聊一聊还不够，必须把目标渗透到企业运营的每个角落。目标完成的进度必须在每周会议和邮件中汇报，分解出的项目任务必须能支撑目标的达成。如果设定了目标，后面不持续跟进，结果注定是失败的。

周一会议上所有人明确并且承担好各自的责任，再通过每周的OKR状态邮件以及周五的庆祝活动不断重复阶段性目标，我敢保证目标时刻在大家心中，并贯穿他们所有的工作。

因素3：没有做好计划

一旦必须要完成一些事情的时候，很多人认为只要有意志就没问题了，坚持执行就会有好结果。

这种观点正确吗？错！就拿健身、减肥来说，多数人只是想想而已，三天都很难坚持，其实找个私人教练或者买个体重秤比所谓的意志力管用多了，人类的意志力和坚持的决心远远没有那么强大。罗伊·鲍迈斯特[1]在1996年的一个著名研究表明，被禁吃萝卜和被禁吃巧克力饼干的人，前者比后者在解决数学难题上的概率高出两倍，看来不吃萝卜不需要太大的意志力。但是在一整天持久地工作、开会、收发邮件后，一块蛋糕能超越任何人的意志。

事实上，你也需要一个目标管理系统来帮助你一直记得

---

[1] 罗伊·鲍迈斯特，美国佛罗里达州立大学社会心理学研究生项目主任，擅长以社会科学仿真模拟技术来研究广泛的心理学问题。他最近的著作是《文化动物：人性、含义和社会生活》（牛津大学出版社，2005）。——译者注

重要的事情，让你在疲劳的时候依然能保持在运行轨道上。原本OKR体系只是一种设置有挑战目标的方法，而我改进的这个体系是围绕目标展开的——承担、庆祝与盘点，在你更想吃饼干的时候，还能确保你继续朝着你的目标推进。

因素4：没有把时间花在重要的事情上

> 重要的事通常不紧急，紧急的事通常不重要。
>
> ——德怀特·艾森豪威尔

重要—紧急矩阵是一种常见的时间管理工具，多数人能排除不重要也不紧急的事情，却很难摆脱不重要的紧急事务。有多少人慎重对待重要但不是那么紧急的事情，并且把它排到日程上？人们通常会选择去做紧急的事，不管是重要的还是不重要的，因为我们对时间的压力太敏感了。除非我们把这种压力带到其他重要的事情上，否则它们将继续出现在明天的矩阵上。因为在今天的矩阵上，我们从来没有规划出时间做重要的事情。

没有什么比明确的期限更让人振奋。保证每周一为了目标而努力工作，让自己对目标的推进负责。

因素5：轻易放弃

> 幸福的家庭都是一样的，不幸的家庭各有各的不幸。
>
> ——列夫·托尔斯泰

当我和客户合作实施OKR时，我总会提醒他们：第一次实施很有可能失败。他们确实第一次都失败了，但失败的原因各有不同。

有的公司发现他们的关键结果都完成了，是因为大家都故意放水，隐藏实力，把目标设定得太低了。这类公司太害怕失败了，从来不知道给自己一次挑战的机会，在下一个周期的OKR中，他们必须要往前推进。

有的公司可能完全相反，没有人完成他们的关键结果，因为他们设定的期望过高，却没有能力实现。这类公司是自欺欺人，他们需要通过OKR认清自己的实力。

最常见的失败是没有坚持跟进目标。我见过许多公司设定完OKR后就没事了，直到本季度的最后一周，他们才惊讶地发现所有事情没有任何进展。

而成功实施OKR的企业都有相同的特点：失败后不断尝试。成功唯一的希望是反复尝试，这并不是一味盲目地尝试同样的事情，而是应该密切追踪哪些事情对目标的推进是有效的、哪些是无效的；要多做有效的事情、少做无效的事情；要不断地学习，吸取教训，最后一定能成功。

成功之路

这套方法并不复杂，只是有点儿难。因为你必须选择最重要的目标，而不是不切实际地想要做成所有的事情。你的目标必须非常明确，然后反复地传达给所有人，直到所有人步调一致。你必须付出时间来实现目标，而不是无尽地寄希望于明天。你必须有一个清晰的计划让你保持向目标推进，即使你有时感到疲惫和沮丧。做好失败的准备，准备好从失败中学习，并准备重试。

欲望让我们起航，但只有专注、规划和学习才能到达成功的彼岸。

在实施OKR前，先明确企业的使命

很多公司在初创阶段都没有急于创建公司使命，因为它看起来更像是大公司惯用的宣传伎俩，不是那些懂得运用精益与敏捷管理思想的人摆弄的东西。但其实这是个错误的观念。所有的公司在创业阶段基本都有一个明确的使命，即使他们没有把它写下来。

如果你认为创业仅仅意味着赚钱，那就错了。Allmand Law公司最近公布的一份研究显示，90%的创业公司都以失败告终。如果只是想找个地方赚钱，那不如去华尔街的一些投资咨询公司；但如果是想改变世界，尽管这个目标有些离谱，也可以去试一试创业。既然你认为世界需要改变，那也就意味着你创业一定有一个使命。

创业可能始于创始人的一句话，比如，"但愿学生可以知道某位老师确实很有水平"，或者"我希望有个更简便的方法把视频分享给我远在波兰的父母"，抑或"我希望在我最喜爱的咖啡店喝上一杯好茶"。其实在某个市场闲逛都有可能让你意识到这个市场有某个问题需要解决，而帮市场解决这个问题，就是一个使命。

就像"找到知道如何让你成长的人""通过共享视频连接遥远的家人""把好茶送到喜欢它的人手上"这些使命一样，你的使命不需要描述得多么优雅，但必须简洁、易记，像纲领一样极具指导性，它会提醒你不要把时间消耗在无用的事情上。

一个好的公司使命应该简洁到每个员工都能牢牢记住，而一个绝好的使命更是直接而又极具鼓舞性。谷歌公司的使命便是如此，以至非谷歌人都知道，即"整合全球信息，使人人皆可访问和受益"。

亚马逊公司的使命是："成为地球上最以客户为中心的公司，客户可以在亚马逊找到并发现他们想在线购买的任何东西，并努力为客户提供最低的价格"。即使你忘记了其余的，你依然可以记住"以客户为中心"的核心使命。Zynga公司的使命很简单："通过游戏连接世界"。如果你在菲滋喝咖啡，你可以问它的任何员工，他们会告诉你他们的使命是"让你的每天更美好"。

你的使命描述要简短，并且容易记忆。当你在工作中遇到问题的时候，这个使命就会一下子从脑海里蹦出来指引你找到答案。

你可以用这个简单的格式描述公司的使命：

我们通过（什么样的价值主张）在（什么领域或行业）（改善人们的生活或减少人们的痛苦）

然后再进一步调整。

正如上述几个简短的使命，其实只有价值主张就足够了。

你可能想把改变行业市场、商业模式这些内容都加入到公司使命里，但你还是先试着去描述一个你能坚持最少5年的使命吧。在很多方面，使命和目标在OKR模型里有很多共通之处，它们都极具启发性和易于记忆；关键区别在于时间的跨度：目标对应的只是一年或者一个季度，使命对应的时间则要长一些。

使命让你保持正确的方向，OKR给你明确的里程碑，让你更专注。实行OKR却没有使命，就好像有了汽油却没有飞机一样，不仅会让公司管理混乱、方向不明确，甚至还有潜在的危机。当你有了使命，再去确定某个季度的目标，指向性就会明确得多。你再也不会觉得什么事情都需要做，你会知道自己什么时候应该做什么事情，一切都在计划之中，这时你可以做一些更有挑战的事情，因为你已经有明确的方向了。

OKR的基本原理

用OKR设定目标的方法已经被广泛应用于谷歌、Zynga、General Assembly等公司，近来更呈星火燎原之势延伸至整个硅谷，大多数实施OKR的公司都能实现高速增长。

OKR发展到现在，已经成为一种标准化的目标管理方法。目标用来明确方向，关键结果则用来量化目标，使团队和个人聚焦在一个有挑战性的目标上。目标设定的是一段时间的目标，通常为一个季度；关键结果用来判定到期时目标是否达成。

设定目标要遵循以下3个原则。

原则1：目标要明确方向并且鼓舞人心

好的目标能让人大清早从床上兴奋地跳起来。虽然首席执行官和投资人也许只有看到3%的增长率时才会如此开心，但大多数人因为事情的意义或者取得了进步就会感到兴奋。因此要使用团队的语言，如果他们想用简单粗暴的语言，比如"拿下它"或"干掉它"，目标里也可以有这样的字眼。

原则2：目标要有时间期限

比如，一个月或者一个季度可以完成。要让团队明确地朝目标冲刺，如果需要一年，那么你的目标很可能是一个战略或者使命了。

原则3：由独立的团队来执行目标

对于创业公司来说这不是问题，但是对一些大公司，由于相互依赖的关系反而会比较吃力。目标必须真正属于你，你不能有"这和市场没有做起来有关系"这样的借口。

目标更像一个使命宣言,只是周期更短一些。好的目标能够激励团队斗志,它看起来会比较难以实现,但是仍然有希望在设定的时间内由指定的团队独立达成。

以下是几个好的目标:

- 拿下南湾地区的咖啡直销零售市场!
- 推出一个很棒的最小化可行产品(MVP)。
- 改变帕洛阿尔托地区的优惠券使用习惯!
- 完成一轮融资。

下面则是几个不太好的目标:

- 销售额提升30%。
- 用户增加一倍。
- B系列产品收入增加到500万美元。

为什么这些是不太好的目标?因为它们实质上是关键结果。

关键结果

关键结果要使用那些振奋人心的语言并且需要量化。你可以通过问一个简单的问题来确立它们，即"如何确定目标是否达成"，这也会让你定义出"真棒""干掉它""拿下它"的真正含义。通常有三个关键结果，它们基于可以量化的任何条件，包括：

- 用户增长
- 用户激活
- 收入增长
- 产品性能
- 产品质量

最后一个可能有点儿含糊，因为产品质量看起来很难被衡量。其实你可以使用类似NPS[①]的工具做到。

如果明智地选择出关键结果，可以使增长与性能、收入与质量这样的结果得到平衡。

[①] NPS＝净推荐值，是一个基于客户愿意向朋友和家人推荐给定产品的数值。请参阅2003年12月《哈佛商业评论》刊载的《唯一需要增长的数字》。

> - **目标：** 推出一个很棒的MVP。
>
> **关键结果1：** 40%的用户在一周以内访问量增加两倍。
>
> **关键结果2：** 净推荐值达到8分。
>
> **关键结果3：** 15%的转化率。

注意看，这很难吗？

实现关键结果应该比较困难，但并非不可能

OKR设定的目标都是有难度的。我们起初可以给OKR设定一个5/10的信心指数，这表示"我有50%的把握达成目标"；1/10表示"一点儿戏都没有"；10/10表示"这个能搞定"，但同时也意味着这个目标设定得太低了，很有可能是设定目标时故意隐藏了实力。如果公司面对失败的方式是惩罚，员工很快就学会不去尝试；如果想做成一些有挑战的事情，就必须保证即使失败了也不会被惩罚。

设定关键结果的时候，要给自己和团队找好定位，我们是想推动团队意识到公司正在做一件有挑战的事情，而不是不可能完成的事情。我认为一开始就正视50%的失败就是最好的定位。

看看你的关键结果，如果你内心觉得它们很有趣，想着"我们真的要把所有的力气花在这些事上"，那么你可能就正确地设定了关键结果；如果想着"我们死定了"，那就说明关键结果设定得太难了；如果想着"我只要稍微努把力就可以完成"，那可能就是设定得太简单了。

什么使OKR起作用

OKR是自上而下关联的。

公司应该设定公司的OKR，然后每个部门都要思考如何设定自己的OKR，这样公司的OKR才会实现。一个团队可以将自己的OKR集中在单个关键结果上，也可以支持整个OKR。举例来说，工程师可能认为客户满意度与网站加载速度紧密相关（事实的确如此），所以他们可以这样设定OKR：

> - **目标：** 产品性能达到知名公司的标准。
>
> **关键结果 1：** 99.8% 的产品正常运行率。
>
> **关键结果 2：** 小于 1 秒的响应时间。
>
> **关键结果 3：** 在用户看来，产品加载都是瞬间完成的（由调查来决定，90% 的用户表示页面加载为"立即"）。

（我不是工程师，所以请不要嘲笑我草拟的这个OKR。）

你可以想象一些团队，比如产品部门，可以很容易地将他们的OKR与公司的OKR关联在一条线上，其他部门可能需要多费些力气才能做到。

OKR很大一部分的价值就是沟通，沟通哪些事情是重要的、沟通我们能做到什么程度，以及和已经偏离公司目标的执行团队沟通应该做哪些对的事情。客服、设计师和工程师经常需要更努力地找到有意义的、能推动公司目标的OKR，但是这的确值得做。客服部门能否针对不满的客户制订一个计划来改善客户情绪？设计师能否设计一套在线培训系统来提高客户留存率？工程师能否用更好的推荐算法来提高用户满意度？每个部门都可以为公司的OKR出力。

此外，每个人都应设定单独的OKR，以反映个人成长以及明确如何支持公司目标。如果公司的OKR是围绕获取用户的，那么产品经理可能会把自己的目标定为"让销售变得厉害"，然后他就会设定：一个关键结果，即完成销售培训并让销售人员都拿到培训高分；另一个关键结果，即提高所负责产品的转化率。

个人的OKR可以让工作变得更有方向感，也能帮助公司变得更好，同时还是一个管理"问题"下属的好办法。在个人OKR设定的过程中，我们可以与"问题"下属一起设定目标，在这些"问题"出现之前纠正它们。通过设定可量化的关键结果，即使问题没有改善，我们也可以避免一些因个人偏见而受到的指责。

OKR是常规节奏的一部分

团队不能实现目标的时候，通常是因为他们在季度初设定了OKR，然后就忘记了。在这三个月里，你被同事的各种要求牵绊，首席执行官发给你各种需求和报表，你收到客户的各种投诉……总是有若干干扰事项让你的时间花费在了无关成功的事情上面。我强烈建议将OKR在每周的团队会议（如果有）和每周的电子邮件中分享，每周调整信心指数，讨论它们上升或者下降的原因。

OKR提供了一个不变且明确的目标

不要在季度的中途更改OKR。如果你觉得OKR设定得很糟糕，振作起来，要么成功，要么失败，吸取经验，下次就会设定得更好。没有哪个团队第一次就能很完美地设定OKR，不要让它们分散注意力，保持团队能聚焦到很少的事情上，才是OKR的关键点。

准备好失败，这很重要

老实说，我们都不想失败，硅谷的每一个人都把失败挂在嘴边，即使我们真的不喜欢它。OKR的意义不仅在于完成目标，更重要的是它能挖掘团队真正的能力。对于有挑战的目标，失败其实也有积极的一面，OKR旨在推动我们去做那些你有能力做到的事情。如果我们的目标是在月球上安家，就算没有达成目标，也能领略另一番风景。

产品团队制定OKR的方法

作者：马蒂·卡根

硅谷产品集团创始人

在过去的30年中，马蒂·卡根曾作为首席产品官，负责给世界上很多知名公司设计和搭建产品体系，包括惠普、网景、美国在线以及易贝等。

OKR是个非常通用的工具，适用于组织中的任何人、任何角色，甚至适用于私人生活。然而，就像所有工具一样，最佳实践都是有条件的。OKR已经取得了大量的成功，很多团队和组织都通过学习OKR课程来提高执行能力，包括各种规模的科技企业和产品组织。

产品组织中的核心单位就是产品团队。一个典型的产品团队是由产品经理、产品设计、小部分工程师等多种专业人员组成的，有时也会加入其他专业人员，比如数据科学家、用户研究员或自动化测试工程师。每个产品团队都会负责一些重要的产品或者技术，比如，一个产品团队可能负责手机软件程序开发，另一个可能负责安全技术，还有一个可能负责搜索技术等。

这个由公司不同职能部门的人员组成的团队，每天要通过团队成员不同的专业技能一起解决重要的业务和技术问题。大公司有 20~50 个这样的产品团队并不稀奇，每个团队都负责不同的领域，每个团队都有自己的目标。你可能已经猜到了，产品团队可以用 OKR 完成日常沟通及跟踪产品目标，OKR 有利于确保每个团队都为公司共同的目标而奋斗。在组织层面，OKR 能确保每个产品团队理解如何给公司做出更多贡献，能让团队之间更好地协作，还能避免重复性工作。

但是，很多公司第一次实施 OKR 时，普遍倾向于让每个职能部门创建自己的 OKR，比如，设计部门的目标可能和响应式设计有关；工程部门的目标可能是提高稳定性和系统架构性能；质控部门的目标可能是围绕测试和自动化部署的。

产品团队有与业务相关的目标（比如，降低用户获取成本，提高日活跃用户数，减少新用户转化时间），问题是这些成员都是来自不同的职能部门，每个人可能已经有他所在部门自上而下设定的目标。

试想一下,如果都按照各自部门的目标分解,很有可能工程师的目标是重构产品架构,设计师的目标是完成响应式设计,质控部门的目标是重新设计自动化测试工具等,这些可能都是有价值的事情,但产品团队能解决公司核心业务问题的概率就不大了。这样的事情经常发生,产品团队的成员经常不知道他们应该如何分配时间,他们在领导和个人绩效上有各种冲突、困惑和失望。

不过这些都很容易避免。

如果你正在产品部门推行OKR,关键就是把每个人的注意力聚焦在产品团队的目标上。如果各个职能部门(如设计部、工程部、质控部等)有更大的目标(如响应式设计、技术债务、自动化测试等),管理层应该对职能部门和其他业务的目标进行讨论,做好优先级排序,然后融入到产品团队相关的目标中。

要注意的是,对于职能部门的经理来说,建立和组织相关的个人目标不是问题,因为他们并没有在产品团队工作,所以和他们的工作并没有冲突。举个例子,用户体验设计部门的经理可能负责响应式设计的规范制定;工程部门的经理可能负责技术债务的管理规划;产品管理部门的经理可能负责产品愿景的传达;质控部门的经理可能负责选择自动化测试的工具。

对于个人（例如某些工程师、设计师或产品经理）而言，有少量和组织相关的个人成长目标（例如提高个人专业技能）也不是大问题，只要个人目标是他们本身的职责，并且不会影响他们实现产品团队目标即可。

产品组织执行OKR的关键在于，OKR需要从跨部门的产品团队层面上升到公司业务层面。

控制好"承担责任—庆祝成果"的节奏

很多企业尝试OKR失败了,他们会抱怨是这套方法的问题,实际上如果你不学着适应,没有任何方法能够让企业运转下去。季度初设定了目标,然后祈祷季度末目标就神奇地自动完成了,哪里会有这么简单的好事?和汉娜、杰克的公司那样,最重要的就是一直保持"承担责任—庆祝成果"的节奏。

Scrum是研发领域常用的一种敏捷技术,这套技术能让项目成员明确阶段性的目标与任务,并且明确团队分工以及如何相互支持。每周工程师都要分享上周完成了哪些目标,下周有什么计划,有哪些阻碍他们实现目标的人或问题。在大型项目组织里,甚至会召开scrum of scrums[①]会议,目的就是让各个项目组都能明确总项目的目标、子项目的完成情况

[①] scrum of scrums会议是把scrum扩展到大型项目团队的一件利器。——编者注

与计划，以及子项目之间如何支持配合。

企业运营管理其实也是一种项目管理，这套技术同样能够运行。

周一确定每个人的职责

每周一，团队一起开会盘点OKR的执行过程，明确本周具体负责完成哪些任务才会让团队的目标更进一步。我推荐一种四象限的OKR展示形式：

本周关注的任务	OKR当前的状态
P1：和TLM Foods签订合约 P1：完成订单系统的需求文档 P1：三个销售候选人的面试 P2：完成客服的岗位描述	目标：向餐厅供应商证明我们所提供的优质茶叶的价值 关键结果：客户重复订购率85%（5/10） 关键结果：20%的重复订购客户能自助完成重复订购（5/10） 关键结果：完成25万美元的交易额（5/10）
未来四周的计划	状态指标
提升客户重复订购率 优化订单系统 餐厅供应商的售茶指标 招聘售前人员	团队努力的方向一致 餐厅供应商的满意度

本周关注的任务：列出 3~4 件最重要的事情，只有本周完成了这几件事情，团队的目标才能向前推进；明确这些事情的优先级。

未来四周的计划：有哪些事情需要其他团队成员做好准备或支持，都列在这个象限里。

OKR 当前的状态：如果你设定的信心指数是 5/10，那目前完成的概率是更高了还是更低了，团队一起讨论一下原因。

状态指标：挑出两个影响目标达成的其他因素，团队需要额外关注，比如客户关系、团队状态、系统状况等。当这些地方发生意外时，马上讨论找出应对方案，确保 OKR 不受影响。

这个文档会成为 OKR 执行过程中的会议工具，你应该学会这样讨论问题：

- 这个优先级列表能确保我们的 OKR 完成吗？
- 团队的能力可以完成 OKR 吗？谁能帮助我们？
- 我们准备好新一轮的发力了吗？市场部知道产品部马上要做什么吗？
- 我们的团队已经筋疲力尽了吗？我们的产品是否存在什么隐患？

团队成员坐下来开会时，讨论这四个象限就够了。如果只用它作为会议概要，可以用更具体的文档来补充说明每个象限的详细情况。每个团队对OKR盘点会议要求的精确程度不一样。

不过会议还是越简短越好，要不然OKR盘点会议将变成团队成员现场刷存在感，事无巨细地列出一堆他们上周完成的事情。要信任团队，他们每天都做了正确的选择，要把会议的基调定在大家为了共同的目标相互支持与配合上。

做好会议的时间安排。建议周一会议时间的1/4用来讲述进展，其余时间一起讨论下一步计划。提前结束会议也很正常，因为没有必要为了凑时间而拖延会议。

周五属于胜利者

团队有远大目标是好事，但也很容易因此产生挫败感，所以周五的庆祝环节就很有必要。

周五的会议就是胜利的会议。每个团队都可以展示本周的成果，工程师展示他们做好的项目代码，设计师展示原型。除此之外，每个团队还应该分享自己的成果，比如销售部分享一下最近签约的订单，客服部谈一下他们如何帮助客户解决了问题，业务部分享一下他们谈的生意。这样做有很多好处，首先，每个人会觉得自己是成功团队的一分子；其次，如果团队渴望成功，所有人都会努力做一些值得分享的事情；最后，公司开始欣赏每个部门的努力，理解他们每天在做什么事情。

准备好啤酒、饮料和点心，凡是能犒劳团队的都可以提供，让他们觉得得到了关心。如果团队确实很小，没有能力支付这些，也可以通过团队自助聚餐的方式进行。一旦团队规模变大，一定要报销这些开支，以表示支持。你要知道，执行项目的这些同事才是公司最大的资产，不投资他们怎么能行？

OKR用来设定目标非常棒，但是没有一个系统能替你完成它们。事情做失败太容易了，而且失败每天都在发生。每周对着OKR象限图，所有人为目标承担责任，明确相互如何支持，明确前进的方向，每周都要重复这些事情，你的OKR就一定会实现。

RADICAL
FOCUS

第五章
OKR使用的六大场景

RADICAL

FOCUS

场景1：如何开季度OKR会议

设定OKR很难，因为团队需要用这个过程认真审视公司，还会对公司战略方向进行艰难的争论与选择。会议的每个环节都需要仔细设计好，才能得到最好的结果，毕竟讨论出来的内容会在接下来的季度时刻伴随着团队。

参与会议的人数不宜过多，十多个人就够了。会议由首席执行官发起，高层管理人员都应该参与。会议过程禁止携带手机和电脑，这会让大家快速进入状态并集中注意力。

会议开始的前几天，应向全体员工征询意见，让他们思考公司近期应该聚焦的目标。请务必给他们这样一个窗口——只需要一天的时间就够了。千万不要放慢节奏，对一家忙碌的公司来说，拖延的事情永远都不会完成。

找一个人（职业顾问或者部门经理）收集并提出最受欢迎的建议。

准备4.5个小时来开会，两个小时一个环节，中间留30

分钟休息。

熟练掌握了OKR方法后，可以将之合并为一个环节，这样更有利于聚焦。

每个高管都要准备一两个目标带到会议上。先把员工最认同的目标写在便利贴上，然后再让高管们补充上他们的目标。建议准备各种大小的便利贴，用最大的便利贴写目标，否则太小的字不容易辨认。

接下来把这些便利贴贴在墙上。把这些内容集体过一遍，剔除重复的，看看大家有没有特别关心的事情。然后再把类似的目标合并到一起，最终通过投票把目标减少到三个。

讨论—辩论—争论—投票排序—做决定。

目标讨论完，根据团队的情况看是否需要休息。

接下来的环节，动员所有的参会高管自由列举他们想到的所有能衡量目标的指标。

自由列举是一种设计性思维方法，这个环节需要尽可能多地写下关于某个主题的想法，一个想法用一个便利贴，这样方便删改和调整位置。

这是一种非常高效的头脑风暴，能让团队得出很多各种各样不错的想法。如果允许，这个环节可以多给团队留出一些时间，你可能会得到更多有趣的想法。

然后把这些想法归类分组，把便利贴有序地组织起来。如果有两个人写了DAU（daily active users，每日活跃用户），你可以把一个贴在另一个的上方，那么这个指标就有两票了。DAU、MAU（monthly active users，每月活跃用户）和WAU（weekly active users，每周活跃用户）都是用户活跃度指标，你可以把它们放在一起。这样就可以选出这项指标的三个类型了。

开始时可以先用未知数X代替关键结果，比如"X收入""X需求量""X DAU"。一开始讨论衡量什么比较容易，然后再讨论具体的值是多少。特别是当目标看起来非常难的时候,更有必要集中讨论具体的值。

根据经验,一般情况下每个目标都能覆盖用户指标、收入指标和满意度指标这三类关键结果。很显然,这三类关键指标不一定都适用于所有的目标。我们的目的是找出衡量成功的不同方法,以保证接下来的可持续发展。假如你的关键结果有两项都是收入指标,意味着团队在追求成功之路上失衡了;假如关键结果只聚焦在收入上,会导致员工把完成目标当成赌博,很可能为了短期利益而不惜损害用户留存等其他更重要的长远利益。

下一步,给每个关键结果设置具体的目标值,确保OKR都是有挑战的目标,团队应该有50%的信心能完成它。相互审视彼此的目标:有人故意放水设置较低的目标吗?有人不愿意挑战吗?有人过于鲁莽设置了不可能完成的目标吗?现在就开始争论,而不是在季度中途争论。

最后,用5分钟来确认最终的OKR:这是让人受鼓舞并有灵感的目标吗?设置的关键结果有意义吗?它们很难实现吗?团队能和OKR一起顺利度过这个季度吗?

不断调整,直到满意为止,然后再去实现它们吧!

注:你可以下载一个OKR练习册,也许对你有帮助:http://eleganthack.com/an-okr-worksheet。

场景2：服务部门的OKR要和公司目标关联

我们有时很难衡量设计、研发、财务和客户服务等部门对公司业务目标做出了哪些贡献。通过一些提问，比如"你的团队如何对公司做出贡献"，并鼓励他们发挥创造力，这些团队的表现会达到意想不到的效果。下面是OKR教练本·拉莫尔特[1]的一篇文章[2]，展示了他是如何向一位研发经理提问的。

OKR教练案例：量化研发对销售的贡献

让我们来看一个OKR教练会议的真实片段，通过这个片段我们可以了解到，与其由首席执行官强制设定OKR，不如

---

[1] 本·拉莫尔特的业务是指导管理者如何明确目标并帮助他们在其最重要的目标上取得突破性进展，他指导过数十个组织的上百位管理人员。想要了解更多有关本的信息，你可以登录www.OKRs.com。

[2] 本文已通过OKRs.com授权。

让管理者们一起去商量设定自己的OKR，这样反而可以显著提高OKR的质量和效果。下面是一个大型软件公司的研发团队指导会议的摘录。

研发经理：我的主要目标是帮助我们的销售团队实现他们的目标。

OKR教练：那么在本季度末，我们怎么去确认研发团队是否的确帮助了销售团队？

研发经理：嗯，这是个值得思考的问题。（他停顿了下来。）

OKR教练：好吧，在最近一年成交的客户中，你能说出一个研发部门对销售过程有明显帮助的例子吗？

研发经理：好像举不出来，但是我想这是一个非常值得拥有的数据。说我们是在帮助销售团队完成交易也不恰当，我们两个部门都会参与跟进潜在客户。

研发经理继续提出下面的关键结果：

> **关键结果1**：在第二季度中为5个主要潜在客户提供销售支持。
>
> **关键结果2**：在第二季度末为销售团队进行新的培训。

虽然这两个关键结果的方向是对的，但事实上我们还是很难衡量它们。下面我们以第一个关键结果为例，看看OKR教练是怎么帮助研发经理将这两个关键结果转化为可衡量的关键结果的。

> **关键结果1：** 在第二季度中为5个主要潜在客户提供销售支持。

OKR教练： 主要潜在客户和次要潜在客户之间有明显的区别吗？（通过解决歧义让关键结果更明确。）

研发经理： 不完全一样。

OKR教练： 你和销售副总裁在主要潜在客户的定义上想法一致吗？（确保各部门对关键结果的理解一致。）

研发经理： 让我们用"年收入10万美元以上"来界定潜在客户是不是主要客户，然后可以由销售副总裁再确定一下这个定义是否准确。

OKR教练： 你有没有汇总过去这些销售支持案例的数量？（要确认历史数据，以便我们知道这个关键结果的确是可衡量的。）

研发经理： 没有。

OKR教练：研发部门提供销售支持的预期结果是什么？（确保实现目标的重点是关注结果而不是任务。）

研发经理：我们要协助做出决策，继续跟进销售或终止这笔交易。

OKR教练：如果这5个销售支持的结果都失败了怎么办？这算实现了目标吗？（校准边界条件问题。）

研发经理：不算，如果出于技术原因失去了这笔交易，就不算是成功的支持。也许我们应该将关键结果定义为"确保出于技术原因丢失的主要潜在客户（年收入在10万美元以上）不超过3个"。

OKR教练：这就上路了。但现在制定的关键结果是消极的，我们可以制定一个积极的关键结果框架："技术合格率"基线。例如，如果我们在会议上确认了10个年收入100万美元以上的潜在客户，其中8个的推进没有技术异议，因此技术合格率是80%。（确保关键结果是积极的。）

研发经理很认同用技术合格率衡量目标的建议。OKR教练会议的最后结果是，研发经理与销售副总裁一起确认了技术合格率是衡量研发对销售额贡献程度的有效指标。

场景 3：OKR 会议的 7 个步骤

如果团队已经做好实施 OKR 的准备，怎么做好具体的时间安排也很重要。假设团队已经研究过 OKR 或者做过专门的训练，并且所有人都准确理解 OKR 的意义，那就可以按照下面的方法去实施了。

1. 所有员工提交他们认为这个季度公司需要实现的目标。这能让这套方法顺利地执行下去，员工能直接参与公司目标的制定，会给企业文化注入一些有趣的东西。

如果公司上规模了，可以让首席执行官发动团队，或者通过专业顾问和调研机构收集整理，最后把结果给到管理层就可以了。

2. 管理层用半天的时间讨论 OKR。选择一个目标，需要通过争论、妥协的过程，这个过程值得多花些时间。然后继续给目标设置关键结果，作为目标更精确的补充说明。

我经历过的 OKR 会议最少也要开一个半小时。OKR 会议开的时间长有很多原因，除了必要的讨论步骤，会议延时、参会人员没有提前做充分的思考、回避做决定，这些问题人力资源部门都可以提前处理好。要知道，公司的目标就是公司的命脉，所有人都要承担责任。

3. 管理层作业：向各自主管的部门介绍公司季度OKR，并完成每个部门的OKR设置。部门经理和成员通过两个小时左右的会议，通过自由列举目标、归类分组关键结果、投票排序，做出最后的选择。

4. 首席执行官确认部门OKR。部门OKR设置完成后，首席执行官再确认一次，如果发现有的部门对公司OKR的理解有偏差，再通过一个一小时的会议继续和这个部门讨论。准备好一天的时间去做这件事。

5. 自上而下关联。部门经理在把公司和部门的OKR传达给下级子部门时，再用同样的方法制定各自的OKR。

6. 个人OKR（可选）。如果公司要求个人也要设置OKR，那就立即去做。个人OKR需要经理确认。这是一次绝好的指导机会，可以采用一对一的沟通方式，千万不要用邮件完成。

7. 全体会议。首席执行官向全员解释这个季度的OKR是什么，为什么是这样设置的，然后对其中几个进行示范性的任务拆解。解释的时候也要涵盖上个季度的OKR总结，指出上个季度的成果。整个会议要创造积极的气氛，并且让员工明白会议后就要立即付诸行动了。

这就是标准的季度OKR流程，每个季度都要这么做。如果团队两周内不能设置好所有的OKR，就要调整其他事情的优先级，要知道没有什么事情比设置公司的目标更重要的了。

做好每个季度OKR的准备工作

即使团队已经按照"承担责任—庆祝成果"的节奏在运转了，还是要明确一下公司是否能在季度末的两周内设置好下个季度所有的OKR。千万不要认为设置OKR就和变戏法一样轻松，设置OKR是有难度的。大公司还有逐层的OKR会议，所以一定要重视会议的准备工作，不要无故延期，影响下个季度目标的开展。

要敢于承认关键结果没有达成，敢于承认关键结果设置的标准太低了，吸取教训，做好下次的OKR设置。

OKR就是要通过实践、总结，不断发现、挑战团队的潜力，而不要把这个过程当作汇报、考核结果。因此，假如团队真的没有完成任何一个关键结果，就要一起思考一下为什么会这样、怎么改进。如果所有的目标都达成了，那就设置更有挑战的目标。把精力聚焦在学习总结、挖掘潜力和高效执行上，然后每周五为成果庆祝。

第一次实践OKR

第一次尝试OKR，很容易因为各种问题失败。团队失败一次就感觉理想破灭，就不愿意再次尝试，这是一种很危险的想法。你也不想只是需要再多花一点儿时间，就放弃一个如此有力的工具。下面有三种方法能减少这种风险。

1. 第一次实践，全公司只需设置一个OKR。只设置一个明确的公司目标，团队就能发现高管们的水准、效率都大大提升，那样的话，如果团队成员主动要求再来一次OKR你也不必惊奇。先不急于自上而下设置各个级别的OKR，更容易向团队解释季度的目标，也能识别出哪些人接受了这套方法，哪些人还需要额外指导。

2. 全公司施行OKR之前，先用一个团队去尝试。选择一个相对独立的团队，他们完成目标不太需要其他团队的支持，这样能保证他们的OKR可以正常实施。如果成功了，就可以让其他团队陆续尝试，直到整个公司都理解了这个方法。

3. 也可以尝试用OKR做项目管理，目的就是先让员工理解这个方法本身。下文中的GatherContent公司就是很好的例子。养成习惯后，一旦有重要项目要开展，员工们都会主动问这个项目的目标是什么、怎么衡量关键结果。

通过小的尝试，在团队里学习OKR是怎么运转的，能增加公司层面成功实施OKR的可能性，也能减少第一次失败后的恐惧与失落。

场景4：为最小化可行产品使用OKR

作者：安格斯·爱德华松
GatherContent公司产品主管

在过去的几年中，我们在GatherContent公司用了一些不同的方法来使用OKR，做了各种尝试。

我们把OKR作为全公司的一个工具，用它来调整每个人的工作重点。我们不仅让每个部门实现了自主，还把它用在员工层面，去鼓励员工个人发展。

不过，OKR最持久有效的应用还是在项目管理上。在GatherContent公司，我们要求每个人在提出新的功能时，都要概括出一个清晰的目标和一系列关键结果，来更好地理解为什么要做这件事，以及对这件事成功的渴望程度。

产品生命周期的核心

在GatherContent公司，我们尝试减少新功能的复杂度，直到有一个我们认为值得发布的MVP。产品团队在工作中使用看板做项目敏捷开发的日程安排。使用看板的时候，所有潜在的项目都被放在一面墙上，然后开发人员从中挑选出要做的，把它们从"待办事项"移到"正在进行"再移到"已完成"。

当团队准备好开始一个新的项目时，我们会把相应的MVP从产品路线图中取出，并将它纳入开发阶段。

产品路线图上所有的MVP都会被放在看板卡片上，这些MVP包含了一些必要的字段，包括标准化的描述、具体需求和其他说明以及原型草图。

这个结构使得向其他人传达后续工作内容变得很容易，并确保工作能顺利地进入开发阶段。我们同时也把目标和关键结果包含在里面。

把OKR放在看板卡片上是为了使团队在创建任何东西之前都必须先回答两个重要的问题：

- 通过这个功能我们试图达成什么目的？
- 我们怎样衡量项目的成功与失败？

下图是我们的看板卡片结构：

```
MVP：举例

假设：

关键结果：

方法：

故事：
```

你应该注意到了，我们把OKR中的"目标"换成了一个语义上有些不同的词——"假设"，这是为了鼓励在开发产品时有更多的研发方法。不要说"这个可以实现"，而要说"我们认为它可以实现"。然后我们的假设就可以被证实或者被证伪，让我们有一种科学家的感觉。

更有逻辑的前期调研

通过讨论，所有的产品功能都有了明确的OKR，这就对产品的前期调研工作提供了更明确的依据，对后期产品设计与研发工作也都很有价值。

设定工作的优先级

这些OKR使得路线图上功能的重要程度有据可依，同时意味着我们必须要根据业务目标来安排项目进度。

产品结合商业目标

如果有一个公司目标是提升新客户的活跃度，我们可以把影响用户活跃度的功能排在前面。这是一个很有爱的例子，它把公司目标和各部门自己的OKR对应了起来，并使得每个人愉快地处于同一战线上。

与他人协作

人们热衷于讨论未来可能发生的事。在公司与不同的人讨论路线图是一件有必要的事情，但没有统一的认知框架就很容易陷入僵局。因为每个人在公司负责的领域不一样，对同样一件事情的理解自然有不同的角度。如果能快速地列举一个功能背后的业务逻辑和它在优先级中的位置，沟通就会更有效，并且不容易被情绪影响。

如果有人认为他们有一些更有价值的东西，就可以简单地一起讨论一下它们的价值（目标或假设），以及它们可能的实际意义（关键结果），这样能激发更多建设性的合作。

衡量目标并总结学习

衡量量化的目标带来的最大好处是可以帮助我们评价取得的结果，更重要的是，我们能从这些结果中总结学习。

我们通过一个简单的电子表格来追踪所有已发布MVP关联的关键结果，并且经常性地进行评审、总结。过去我们会纠结何时去衡量这些产品功能的价值，现在我们一开始就对每个项目的OKR设置了一个截止时间。

一旦到了截止时间，团队会整理好关键结果的完成情况，然后坐在一起讨论产品设计上的问题、意料之外的效果以及一切能学到的东西。

总之，把OKR添加到看板卡片上，使得我们能够更好地进行优先级排序、更快地学习总结以及更高效地沟通，同时帮助我们建立良好的沟通习惯。

场景 5：使用 OKR 改进周报

还记得 2000 年第一次写周报时，我刚刚在雅虎被提升为经理，管理着一个小团队。上司要求我，"写一份周报，内容涵盖你的团队在本周做的所有工作，以后每周五都要提交"。你一定能想到我当时的感受，我不得不去证明我的团队正在努力工作，去证明我们存在的意义还不够，还要证明我们需要更多的人；否则，上级一定以为我们都很闲。

所以我跟其他很多人一样，列出了每一件事，可是除了流水账没有任何有价值的内容。然后我开始要求下属，让他们按照我的格式把他们的周报发给我，我把它们汇总成一个"又臭又长"的大文档，最后发给了设计总监伊雷妮·奥和总经理杰夫·韦纳（他明智地要求我把概要放在最前面）。

之后我做过很多份工作，写过很多冗长乏味的工作汇报。再后来，我不想汇总这些内容了，而是让我的下属把它们直接发送给项目经理，由项目经理整理，然后再发给我检查。

在检查没有任何不当之处后，我再转发给上司。有一周我忘了看大家的周报，也没有听到任何人提起它，我开始觉得这是在浪费每个人的时间。

2010年，我去了Zynga公司。不管你现在怎么评价Zynga，他们确实非常擅长做一些重要的事情，来使组织运行得更好，包括他们写周报的方式。他们的所有周报都会发送给整个管理团队，我很喜欢阅读它们。是的，我没写错：我喜欢阅读这些周报，即使最多的时候有20多份。这是为什么呢？因为他们用一个容易理解的格式去陈述重要信息。我通过这些内容来了解我需要做什么，并且从中了解哪些事正在往好的方向发展。值得一提的是，Zynga在早期的增长速度超过了我所见过的任何公司，我感觉沟通的效率也是Zynga成功很重要的一个原因。

离开Zynga之后，我开始从事咨询工作，结合一些敏捷开发管理的技巧，我调整了周报的格式以适应与我合作的每家公司。现在我介绍一个简单而可靠的格式，它适用于任何规模的组织。这份周报包含以下几个部分：

1. 把团队的OKR作为开始，并标注完成目标的信心指数。

列出OKR来提醒每个人（有时也是提醒自己）为什么要做现在做的这些事情。

你的信心指数就是去估计有多大的可能性实现关键结果，范围从 1 到 10。1 是永远不会成功，10 是已经稳操胜券。当你的信心下降到 3 时，把它标记成红色；当它超过 7 时，就标记成绿色。不同的颜色使它更容易被识别，方便让你的老板和队友们振奋。列出信心指数可以帮助团队跟踪进度，如果出现问题也能及时更正。

2. 列出上周的优先任务，并标注完成情况。

如果没有完成，简短解释一下原因，目的是让团队清楚是什么阻止了团队前进。

3. 列出下周的优先事项。

只需要列出三个重要的事项，描述得要全面，围绕着具体可执行的步骤。"确定 Xeno 项目的开发文档"是一个很好的事项，它涵盖了写材料以及多部门的审查和表决。它也会使其他团队和老板信任你，相信你的确会完成事项。

"和律师沟通"是一个糟糕的事项。这件事情看起来半个小时就可以完成，并且没有明确的结果，感觉更像某件事情的一个环节。不仅如此，甚至没有说明要去沟通什么事情！

你还可以添加几个不那么重要的事项，它们同样应该是全面的，并且值得成为下周的事项。

总之，这里列出的事项不需要太多，计划好一周能完成的大事项就够了。

4. 列出风险或阻碍。

就像一次坦诚面对的会议，可以列出无法独自解决但可以寻求帮助的事情。不需要像小孩一样相互推诿，你的上级不想扮演你的父母，去听你和另一个负责人相互指责。

另外，列出所有你知道的可能阻止你完成任务的事情，比如，一个客户可能总是找各种借口拖着你，或者一个棘手的技术问题需要比原计划更长的时间去解决。老板们不喜欢惊喜，不要试图给他们这样的"惊喜"，提前预警也许有更多、更好的解决办法。

5. 备注。

最后，如果还有未包含在上述类别中的内容，但是又的确希望添加上去，那么就增加一个备注。"终于把吉姆介绍的那个小伙子从亚马逊挖过来了，感谢吉姆！"就是一个不错的备注。再比如，"团队周五要去外地玩Giant游戏。"备注要尽量简短、及时和有效，不要把备注当作任何借口或寻求安慰，甚至变成练习写小说的地方。

这种格式还解决了大型组织面临的另一个关键挑战：协同。要以旧的方式写一份周报，我就不得不在周四晚上之前

收件人　exec团队 @teabee.com
抄送
主题　2016年10月15日开始的一周

目标：向餐厅供应商证明我们所提供的优质茶叶的价值
关键结果：客户重订购率 85%（6/10）
关键结果：20%的重复订购客户能自助完成重复订购（5/10）
关键结果：完成25万美元的交易额（1/4）

最后一周：
P1：和TLM Foods签订合约/没完成，但是有额外的订单惊喜
P1：完成订单系统的需求文档
P1：三个销售候选人的面试/没完成，换一个招聘渠道，尝试沟通一下
P2：完成客服的岗位描述/完成

下周：
P1：与TML Foods达成交易
P1：给戴夫·基姆顿发送录用通知书
P1：可用性测试，发现和解决自助下单系统的关键问题

备注：
有谁认识Johnson Supplies公司的采购副总裁吗？如果你想旁听产品可用性的会议一定要告诉我，旁听对你也有好处，你懂的……

了解团队的状况，以便及时核对、检查事实并进行汇总。但是有了这个系统，我就知道我工作的优先级是什么，并用我的周报状态去确认他们的优先级是否和我的一样。我会在周五发送我的周报，同时我也会收到他们的周报。我们始终保持敢于承担、诚实以及关注的态度。

工作不应该是一个杂事列表，而是为了共同目标一起努力的过程。周报提醒了每个人这一事实，并帮助我们避免产生无尽的纠结。

协同工作对于公司竞争和创新能力至关重要。放弃周报可以算是一个战略失误了，它看起来也许会浪费一点儿时间，但是它也可以成为一个团队相互连接和支持的途径。

场景6：避开OKR常见的坑

我帮助很多团队实施过OKR，讨论过大量团队面临的挑战，有许多常见的错误会导致OKR失败。我将失败定义为没有完成任何OKR、完成了所有的OKR以及实施了OKR却对公司没有正面影响。

设置了多个目标

如果希望OKR清晰到公司里的每个人都把它深深地印在脑海里，那就尝试只设置一个目标。如果你设置了5个目标，所有人都不会记得公司的目标到底是什么。

谷歌可能需要为公司设置多个OKR，因为他们有搜索引擎和谷歌浏览器两个大项目，并试图进军社交网络和无人驾驶汽车领域。想象一下，如果他们仅设定一个单一的目标，即"使所有的产品社交化"，那么无人驾驶汽车团队可能会打造一辆叫作基特的汽车，这辆极具人性化的汽车将会成为你的朋友。社交车也许会很漂亮，但它可能并不是市场所需要的。因此如果你在不同的市场有不同的业务，每个市场业务你都需要设置一个不同的OKR。

也就是说，大多数公司（以及所有创业公司）都会从一个有挑战的OKR中受益，用来明确和统一努力的方向。

设置的OKR周期过短——一周或者一个月

我并不完全认同一个初创团队在还没明确产品是否满足市场需求之前就使用OKR，除非你的目标是"找到满足市场需求的产品"。如果你不能连续追踪OKR一周以上，那么你可能还没有准备好使用OKR。如果你的产品已经满足了市场需求，那你就坚持三个月。毕竟，一周之内能做什么真正有挑战的事情呢？如果一个目标可以在一周内完成，它顶多算一个任务。

用绩效指标来驱动目标的完成

这是许多MBA的失败之处。你爱数字，你爱钱，可谁不爱呢？OKR统一了跨专业的团队：敢于想象的设计师、理想主义工程师和贴心的客户服务人员。目标本身是需要鼓舞人心的，它可以把人们从床上叫醒，准备迎接新的一天和新的挑战。

没有设置信心指数

我听说过许多公司期望达到他们确定的关键结果的70%，因此团队会选择隐藏20%的实力，再让另外10%异常困难，这样就达到预期了。这是我们想要的吗？OKR是在鼓励团队挑战目标，所以你要了解团队最真实的能力。

设置5/10的信心指数，意味着有50%的机会达到目标，挑战一下自己吧。

没有追踪信心指数的变化

在进入季度的最后一个月时，突然意识到忘记关注OKR了，这是最糟糕的结果。及时关注信心指数，在获取新信心的同时要标记变化。提醒团队他们的信心等级已经在5停留很久了，经常主动询问团队成员是否需要帮助。

把周一的会议当作汇报例会，而不是谈话

只讨论需要讨论的事情。优先要做的事情真的会改变关键结果吗？接下来的项目路线图是否需要其他成员的协同？团队的状态如何以及为什么会这样？

周五过于严肃

团队已经整周都在严格地要求自己和他人了。周五就开瓶啤酒，为团队已经达到的成果干杯吧。即使还没有完成所有的关键结果，也应该为设置的卓越目标感到自豪。

RADICAL
FOCUS

第六章
最后的建议

RADICAL

FOCUS

OKR和年度评估

作者：黛德丽·帕克纳德
Workboard公司首席执行官

工作看板能让大家在日常工作中聚焦于OKR的目标，并保持跨部门之间的信息透明。

过去十年，商业目标仿佛被诅咒，失去了本该有的魔力。而对个人来说，商业目标是一种渴望，是做重大决策时的决定因素，是我们意志的来源。然而在工作中，特别是在大型企业中，2/3的人认为除了工资，他们跟公司几乎没什么关系。而最有力的激励和满足感的来源已经从许多大组织中消失，这都可以"归功"于他们的管理系统，让员工不得不优先关注他们自己和小团队的利益。

当绩效考核驱动目标而不是目标驱动业务绩效时，目标就是为了年度评估而创建的。当员工签了一年有保障的劳动合同后，还谈什么目标，绩效注定是低的。随着业务的增长，员工年度目标和业务现实的脱节会更加严重，水分也会越来越大。

也有许多年轻的企业和这些大公司一样，企业目标是由首席执行官制定而不是通过团队讨论得出，所以这些目标通常不能对员工日常的时间和精力管理有任何帮助，也就难以创造卓越的产出。

如何恢复目标的魔力

从重构目标开始，不要把它变成绩效考核的工具，目标应该着眼于如何鼓舞和激发成员。这意味着要改变团队目标的制定方法、推动节奏和表现形式。卓越的量化指标、每周执行反馈和每个人都承担责任，这样做才能实现有挑战的目标。与传统学院派的目标管理方法不同，这些都是有活力的、务实的，真正会在每天工作中鼓舞人心的目标。这一切都充满了自由意志，从参与制定远大目标到努力挑战，收获的不仅是高产出，也会有更多的满足感。所以，通过以下 5 个步骤就可以得到这种魔力。

1. 用目标来定义和驱动成功

只有能激发起人们追求卓越的渴望的目标，才能称得上真正的目标。好的目标能够持续给团队吹响胜利的号角，而不是简单地宣布一次就完事了。当你设定的目标是务实的，会让团队明白努力的目的，也会让他们找到日常执行的焦点。短期目标一定要明确具体，有清晰的执行优先级，要让员工把精力都放在最有价值的事情上。（管理者经常容易高估成员理解目标的能力，实际上只有 7% 的人能真正理解目标。）

2. 传统学院派给不了让团队高产出的目标

OKR 这类方法不是为了确定企业最有可能达成的一个目标，而是为了识别有可能完成的最大目标。OKR 把有挑战、鼓舞人心的想法和量化的关键结果结合在一起，让员工都清楚阶段性的目标挑战。这样团队中的每个人都能清晰地知道他们该努力的方向，明白怎么分配自己的时间，这是制胜的关键。传统的方法只会"诱导"人们降低目标的下限，而 OKR 努力让团队挑战极限，并把所有精力都聚焦在突破目标上。要想通过 OKR 方法最大化地实现目标，切勿把它和绩效评估挂钩。

3.实时追踪目标进度

OKR目标完成得好坏与每周的日常执行、分解目标（例如每周的销售额）息息相关。随着公司发展速度的加快，管理者如果只按月或者按季度检查团队目标的完成情况，一定会发现有些人在做一些无关紧要的事情，有些人则为了一个难题停滞了很久，甚至还会发现有些人根本不知道自己在做什么。保持目标实时的追踪和持续的透明沟通，可以帮助团队聚焦在目标上，预测的结果也更靠谱，每个人都能自我驱动。

4.在邮件中沟通目标

它让团队成员能够在三秒钟内找到自己和团队的目标以及目标的进度。三秒钟足够让他们打开邮箱找到目标邮件，如此团队才能聚焦，才能把时间花在有价值的事情上。我们的研究表明，高绩效人士开始每天的工作时都会先审视他们的目标，然后有意识地根据目标分配具体的时间。如果你想建立一个目标导向的团队，那么就要让你的成员每天更容易地聚焦到目标上来。

5.自上而下的目标设置兼顾自下而上的成分

单一的组织结构很难发挥作用，而跨层级的团队合作形式则更灵活，也更容易成功。在一个巨大的组织中，目标的管理如果只是自上而下，会失去很多机会，甚至失去整个市场。人才和伟大的创意在一个组织中是无处不在的，管理者不能为了掌控一切就用硬性的上下级关系来限制团队的意志，应该让每个人都能自由发挥，这样创新才不会被扼杀，战略进展才会更顺利。

如何评估绩效、升职与加薪

不要一次性完成评估，而要持续沟通，不断地加以指导和校正。每个月至少应有两次一对一的交流和校正，内容涵盖员工的投入度、绩效水平和协同能力。给每个维度设置1~5分，管理者和员工各自分享自己的观点与想法，这样可以减少误解，问题也能快速改善。一年内，员工就有24次交谈的机会，这样做，一方面，可以帮助他们提高自己的能力并且得到赏识；另一方面，你也可以在这个过程中识别他们是否真的有所提高。这样，年终评估就变得很简单了，因为事实大家已经知道了，没有意外，不过是多一次交流而已。

使用 OKR 的最后建议

- 只设置一个公司级别的 OKR，除非公司有多条业务线。这就是聚焦。

- 给自己三个月的时间去挑战 OKR，一周内可以完成的目标绝对称不上有挑战。

- 目标里不要有传统的绩效考核指标，目标需要能够鼓舞人心。

- 在每周盘点进度时，先从公司 OKR 开始，然后沟通部门级别的，不需要在会议上沟通个人 OKR，个人 OKR 只要一对一交流就可以了。每周必须确认 OKR 的进度。

- OKR 是自上而下关联的。先设定公司的 OKR，然后是部门的，最后是个人的。

- OKR 不是唯一一件你需要做的事，而是你必须要做的一件事。要相信大家可以保证事情顺利进行，不要把每个任务都塞进你的 OKR 里。

- 周一的 OKR 进度确认是一次谈话，而不是汇报或指示。务必要讨论信心指数、状态指标和优先级的变化。
- 鼓励员工对公司 OKR 提出意见和建议。OKR 不只是自上而下的实施，也要有自下而上的成分，要让所有人都能参与其中。
- 把 OKR 公之于众，谷歌把它们放在了公司的内网上。
- 周五的庆祝活动对于周一严酷的业务来说是一种调剂，可以让团队保持乐观积极的态度。

致 谢

RADICAL FOCUS

我第一次接触到OKR是在Zynga公司。OKR是由安迪·格鲁夫构建的基本框架，它是根据彼得·德鲁克管理英特尔公司时用的目标体系发展来的。之后，约翰·杜尔（前英特尔公司的高层，现在是Kleiner Perkins Caufield & Byers即KPCB风险投资公司的合伙人）开始在他投资的创业公司中推广并使用OKR。谷歌和Zynga等著名公司也高度欢迎OKR，并通过OKR让公司在保持目标统一的基础上保持活力。领英（我加入后开始实施OKR）和General Assembly公司（我在2013年指导他们实施OKR）也一直在践行OKR，并让OKR带领公司有效地快速成长。

我离开Zynga后开始给创业公司做咨询。我不明白为什么所有人都要像我之前那样经历一遍所有的痛苦才能懂得如何管理好一家公司。我一再注意到团队最痛苦的事情就是缺乏聚焦，什么事情都想做。即使有些创业公司的产品已经满足了市场需求，但他们想让所有的员工带着激情为公司的愿景工作，想快速融资，所以团队必须找到一个能让每个人都聚焦工作的方法。OKR绝对是最佳选择。

当我把Zynga的OKR模式带到年轻的创业公司时，我发现他们对任何会议的容忍度都很低，低到连一个两小时的深度分析会议都不能容忍。于是，我把公司的OKR例会减少到一周一次，这样每个团队都有精力去开会，效果还不错。在会议上，有些公司可能会跟进关键指标的分析，有些可能会讨论销售漏斗，但总的来说定期审视目标让他们变得更好了。

我合作过的每家公司都会有各式各样的周庆祝仪式，有些是庆祝产品上线，有些则是完全为周五而庆祝。只有一家创业公司周五没有庆祝，这和他们年轻有关系，他们还没有意识到这种让大家团结一致的仪式的重要性。当我推荐团队尝试OKR的时候，我会针对团队的情况再做一部分调整。我曾听设计师抱怨过无法融入周五的庆祝仪式，然后我想应该建议每个人都来展示自己的成果。这种方法带来了非常神奇

致　谢

的转变。突然之间，每个团队都知道并且尊重其他团队所做的事情。团队这种由发自内心的力量制定的目标和关键结果更有挑战，也更容易失败，因此周五的成果庆祝就更有必要，它绝对能缓冲每个创业团队都必然要经历的困境。

在我的研究过程中，我曾跟来自谷歌风投的OKR倡导者里克·克劳交流过。谷歌OKR的实施和我在本书建议的有很大不同，不过他分享的视频和材料值得我们深入研究。就我个人经验而言，我提到的方法对于大多数创业公司和中型企业都很适用，但是每家公司的情况都不一样，你可以自由地把它改成合适的方法。

我想特别感谢凯茜·亚德利，帮助我像小说家那样写作。同时，还要感谢以下这些读者，你们给了我很多如何把这本书写得更好的建议：

詹姆斯·卡姆，戴维·沈，劳拉·克莱因，理查德·多尔顿，阿比·科弗特，丹·克林，斯科特·鲍德温，安格斯·爱德华松，艾琳·奥，斯科特·拜尔昆，约恩·阿朗戈，弗朗西斯·罗兰，桑德拉·科根，A.J. 坎迪，杰夫·阿特伍德，亚当·康纳，查尔斯·布鲁尔，萨曼莎·索马，奥斯汀·戈韦拉，阿利森·库珀，埃德·刘易斯，布拉德·迪克森，帕梅拉·德劳因，戴维·霍尔，斯泰西-玛丽·伊什梅尔，金·福尔托弗，德里克·费瑟斯顿，贾森·奥尔德曼，阿穆科·阿泽姆，亚当·波兰斯基，乔·索尔奥，布朗迪·波特，贝特·斯托尔，苏珊·默瑟，凯文·霍夫曼，弗朗西斯·施特尔，伦纳德·伯顿，伊丽莎白·布伊，戴夫·马卢夫，乔希·波特，克劳斯·卡斯格德，埃文·利特瓦克，卡蒂·劳，埃兰·马隆，贾斯廷·庞科泽克，埃兰·霍夫曼，伊丽莎白·伊瓦拉，哈里·马克斯，丹耶·西亚德内瓦，凯西·川原，杰克·科洛库斯，玛丽亚·莱蒂西亚·萨拉门托斯–桑托斯，汉娜·金，布里塔尼·梅茨，劳拉·迪尔，凯利·费德姆，弗朗西斯·纳卡加瓦。还有你——安源，你对我的帮助最大，下次我们见面时你可以向我大叫。

亲爱的读者，请写信给我并让我知道你的收获，以帮助我再版时做得更好。

E-mail：Radicalfocus@cwodtke.com

中文版译者明道团队：feedback@mingdao.com

关于作者
RADICAL FOCUS

克里斯蒂娜·沃特克，Wodtke 咨询公司的负责人，为企业做洞察力、执行力发展的培训，在加利福尼亚州艺术学院和斯坦福继续教育学院为企业的下一代接班人授课。

克里斯蒂娜在一些公司中指导产品重新设计和前期产品规划，这些公司包括领英、聚友网、Zynga、雅虎、Hot Studio 和 eGreetings。她创办了两家咨询公司、一家产品公司和一款关于设计的在线杂志——*Boxes and Arrows*。她还是信息架构协会（Information Architecture Institute）的联合创始人。

她发表过很多演讲，从讨论会到大学再到董事会，她也在网络上发表观点，大部分发表在eleganthack.com上。